REM KOOLHAAS-OMA AMO

MIRALLES TAGLIABUE-EMBT

ITALO ROTA

ZAHA HADID

KENGO KUMA

DANIEL LIBESKIND

丹尼尔·里伯斯金

隈研吾

扎哈·哈迪德

米拉莱斯／塔利亚布－EMBT建筑事务所

伊塔洛·罗塔

雷姆·库哈斯——大都会建筑事务所

朱塞佩·特拉尼

马西米里阿诺·福克萨斯

蓝天组建筑事务所

勒·柯布西耶

丹尼尔·里伯斯金

DANIEL LIBESKIND

经典与新锐——建筑大师专著系列

[意] 阿提里奥·特拉尼 编著

李雪珂 译

王 兵 校

丹尼尔·里伯斯金

中国建筑工业出版社

目　录

作品掠影

引　言

021　建筑是一门语言

031　建筑师年表

建成项目

036　菲利克斯·努斯鲍姆博物馆，德国奥斯纳
　　　布吕克

040　犹太博物馆，德国柏林

044　皇家战争博物馆北馆，英国曼彻斯特

050　丹佛艺术博物馆扩建项目，美国科罗拉
　　　多州丹佛市

054　安大略皇家博物馆，加拿大多伦多

058　西部购物与休闲中心，瑞士伯尔尼

064　城市中心的水晶，美国内华达州拉斯韦
　　　加斯

068　大运河广场，剧院和商业建筑，爱尔兰
　　　共和国都柏林

072　军事历史博物馆，德国德累斯顿

078　吉宝湾映水苑，新加坡吉宝湾

设计作品

084　维多利亚和阿尔伯特博物馆扩建，
　　　英国伦敦

088　"零地带"总体规划，美国纽约

092　高兹普罗姆公司，俄罗斯圣得得堡

096　城市生活，意大利米兰

102　信号塔（巴黎拉德芳斯），法国巴黎

建筑思想

108　丹尼尔·里伯斯金访谈1

110　丹尼尔·里伯斯金访谈2

113　TED 演讲

115　访谈3：在方法、想法和决策之间

参考文献

st

作品掠影　　　　帝国战争博物馆北侧，曼彻斯特，2001年

GRAND CANAL THEATRE

建筑是一门语言

丹尼尔·里伯斯金的贡献颇多，其中之一是提供了一种极富个人色彩的方法以理解建筑的意义。他把建筑看作是建立社会生活的独特机会的工具。

"建筑是一门语言"：他的这句宣言开创了一个时代，他认为建筑就像"伟大的文学和音乐作品"一样可以讲述人类灵魂的故事。于是，丹尼尔·里伯斯金试图告诉大家建筑应该摆脱许多美学成见，变成一门具有创造性的可以被理解的语言。建筑不应该是技术革命或者个人噱头的表现，而应该是新人道主义的表达。它有生命迹象："活着、有呼吸的，有内外之分，有身体和灵魂，如同人一样"。

建筑就像鲜活的生命体，在几何智慧、比例和韵律当中孕育、成长并走向远方，最终改变人类看待世界的方式。对于人类而言，建筑是创造性的表达，这个创造性将历史条件、建筑理论和实践转化成为形式和空间，服务集体生活。

但是"建筑是一门语言而且具有生命力"这个说法有什么意义？首先，这意味着我们通过时间划分的方式表达世界现象，就像我们每一个人随着时间都有生理发展，有自己的历史和终点。

每天我们都经历时间流逝。我们看到火车站有很多时针在转动，在时间表里标注相会的时刻。

事实上，时间是极其抽象的巨大的存在。人类通过写作和绘画翻译这种存在，但是只有建筑能够给出真实而生动的表达。

"来试验一下我们的反应：当我们想到人类历史的时候，脑海里首先出现的是建筑。如果用一张图片来代表法国大革命，我们不会选择丹东（Danton）的肖像，而是会想到凡尔赛宫；如果回到古罗马时期，我们眼前浮现的是古罗马广场群和斗兽场。在希腊神庙或者巨石阵面前，我们会感受到人类的创造力和几个世纪前的历史传递的精神交流。"

因此对我们来说，建筑是时间语言。它生动地展现我们无法重来的时间，并且在建筑形式和材料中包含一些基本知识，可以表达我们沉浸在特定的历史情景中的体验。人类想要和已故的人交流。

为了理解建筑，我们必须提出几个问题：通过丹尼尔·里伯斯金个人诗意的路径，为现在活着的和即将来到世界上的人，创造一个当下的时间概念，这有无可能？

回答当然是肯定的。因为在当代语境中，丹尼尔·里伯斯金的建筑目标十分独特，他的建筑围绕在我们这个时代这一问题的叙事上：怎样实现建筑语言？空间图像怎样表达体验？

如人们所知，现代世界没有什么神话，因此构成当代社会的大部分艺术家选择进行各自的美学性思考，针对历史事件有自己的回应。

建筑是集体思维的最终形式。在很大程度上建筑中的艺术形式已经废除，转而成为一种审美或抽象的规划结果，导致大家认为整个社会的集体想象力符号是通过电视传播创造的，而不是通过大型城市公共活动。

因此，这是一个问题，即我们是否知道这种独特的价值以及我们对环境适应的不可逆性，以及围绕在我们周围那些事物的物理性、历史性和物质性，是否可以在建筑当中成为共享的基础，最重要的是可以和古代社会进行强有力的对比。

带着教学效果的巨大历史性跨越、数学的严谨性以及音乐的系统性进行研究，丹尼尔·里伯斯金回应了这些基础需求。他在设计中重新引入"不可见"的主题。似乎每个人都忽视了直到今天建

筑仍然是了解时间的独特方式，能够反应在所要表达的建筑主题上，它扎根在每一个国家的传统当中。

现在看来，建筑师应该考虑那些不能被看见的元素，这一点绝对合乎逻辑。因为只有这样，建筑师才能设计出尚未存在、尚属未知的建筑，他的项目才会采纳从未出现过的事物。

"我认为，让人印象深刻的不一定非得是物理空间。"丹尼尔·里伯斯金写道，"物理空间对于物理是好的，但它不是建筑空间。有趣的是大部分建筑师仍然以物理学为基础谈论建筑……很明显，一座建筑不光是用玻璃和砖构成的，构成建筑的不只是这些材料，还有一些其他的东西。"其他的东西是什么？是那些不可见的！举个例子，我准备进入一个房间。毫无疑问，房间是一个实际存在的场地，有墙体围绕，界定室内室外……但是我准备进去的这个房间也被这些元素组成：所有我曾经进入过的房间，曾经想要进入的房间，我真正见过的和我只在书里见到过的房间（甚至有可能并不真实存在），我对于环境的适应和我的想象力游戏，这些因素允许"感受"房间的实际情况。继而在设计中分辨和改变……场地要素、施工技术、材料、空间类型仅仅是感知的一部分，而且相较于当我进入或者设计房间时围绕我的不可见元素，这些只是很小的一部分。

这些不可见的元素来自场地的功能和目标，比能激发起我的基本感知体验的元素范围更广；那是建筑房屋的特点，那些感觉和我在房间内部的活动有联系。如果我在夜晚或者黎明进入房间，会更容易产生特别的感受，或者当光线突然被墙体打断也会让我着迷，就像光影和色彩的奇幻魔术。

许多建筑理论认为这些不可思议的现象来自不确定性、心理暗示甚至是运气。

事实不是这样的，这种情况只有当我们周围的空间允许我们参与并进行设计和建造时才会发生。跟踪图纸上的信号，建筑师应该意识到将交流过程放置在运动当中，使建筑语言串联经过无数这样那样的事物、符号和经历。

"音乐在某个瞬间创造气氛。伟大的建筑也是如此，在跨越某个临界值的同时唤起某个思想的存在。就如同伟大的乐章一样，空间也有结构、音色和声调。"

正如这种细微差别，看不见的元素精准却难以捉摸。但是如果我们把它当作声调、音色，当作虚实之间的特点，比如墙体及其环绕的空间，基于这两个极端之间的特质去思考，这些元素会变得更容易理解。

然而那些不可见的元素是力量的转化，这种力量活在我们对于建筑的体验当中。任何空间的描述和分析、结构分解、材料发展、建筑细部和官方历史都无法解释这种体验。

大屠杀塔，犹太博物馆，柏林，1999年

看不见的元素的奇异性、悲剧或奇幻，不在建筑尺度上，不在对称性、流动性或者技术革命上，也不是客观可以度量的。因为一座哥特式教堂或现代建筑杰作是不可能告诉人们其具体面积有多大或者空间的准确颜色，甚至可能说不出具体的建筑材料。其特征与个性存在于完美的比例、独特的节奏和音调表达空间。

记忆的空白空间，犹太博物馆，柏林，1999年

在虚实之间的精确比例，不是通过经典或者现代技术度量，而是存在于由满到空的转化过程的比例和强度。它们的能力在于精确定义一个空间边界，使表皮和空间变得清晰可见，能够挥舞时间魔法，使得它们之间发生的伟大的东西不被抹杀。那是神秘，是谜语。

基础

设计始于对空间比例的研究，也就是我们适应世界生活环境的方式。开始伴随着对设计的着迷，"变成铅笔的狂热分子，疯狂地设计直至深夜，直到感受不到手指的存在。"

就像是绘画、写作和摄影一样，建筑师是激情和精彩的发现者，他的认知被卷入周围环境当中，他不能疏远世界。建筑师必须"锻造属于这个'时代'的设计工具，能够将他的基本结构和思考根源转化为视觉语言。"

但以什么形式？

传统的建筑设计总是在寻找呈现现实世界的规则和标准。就像文艺复兴时期的情景，视点和透视原理的发明允许任何人渴望更写实地呈现世界成为可能，比如那些中世纪的"正面绘画"。对于里伯斯金来说，建筑设计只是一个创造行为，没有任何理论或实践的目的，只是为了放大认知机制，告诉我们那个看不见的，但是其实非常真实，它们就存在于线稿当中。

以米克罗梅加斯（Micromegas）为名的系列设计为例。

里伯斯金实现了空间的本质。他没有采用现成的笛卡儿坐标系统、参考轴线、欧几里得的几何、模数、数值概念、体量匹配或者正交规划。我们看到了密集线条，带着令人印象深刻的速度和加速度，占据环绕着我们的想象空间，我们尚未意识到时间、地点和尺度，但是我们可以快速地感知它们，就像米克罗梅加斯在土地上呈现的意想不到的视觉效果。

我们注意到这个设计系列的名字十分有趣，源自伏尔泰的同名作品，确切地说来自他笔下的人物——一个居住在名叫天狼星星球上的巨人。

就如同伏尔泰笔下的人物，米克罗梅加斯突然出现在后现代时期，又决然地停下，坚持"设计是物理对象的影子"这一想法，设计是对空间的一种自由形式的探问，一种出现在归于形式的预先理解当中，去理解神秘的、渴望的自由形式。在空间当中我们常常忽略，但是对于我们的体验至关重要的渴望。

本次研究的重心是不可见的，是对于环境、地点和文脉的感性需求。

与致力于使用计算机等工具，通过信息革命或技术创新寻找新形式的架构相反，丹尼尔·里伯斯金在他的设计里，通过设计和项目思考建筑就像是生命的一种方式，就像荷马里的人物，去寻找感知的范围。设计和项目不是凭空诞生的，也不是中立的、审美的，或者只是技术的，而是为了"感受人类产生的记忆和意义、感知精神和文化激励"而存在，并且对我们来说是未知的。

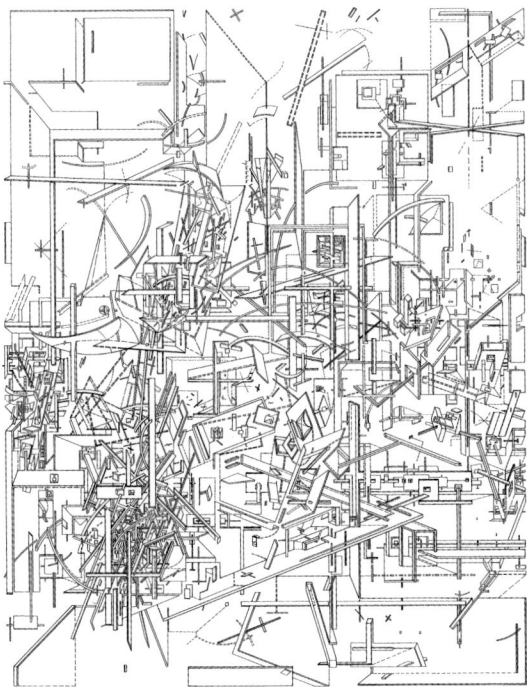

米克罗栖加斯，图纸

1988-1989年，意大利米兰

20世纪80年代末，作为壮游的著名游客，这次丹尼尔·里伯斯金出发去建筑之国意大利，为他的技术工作寻找灵感和参照物。他来到的城市是米兰，那是1988年，拜访他的朋友阿尔多·罗西。

"我意识到，"里伯斯金写道："阿尔多·罗西的思想、深厚的友谊和神秘的启发在我的生命中是多么的重要。我的建筑生涯是从脱轨的危险中被拯救回来的，我们两个有一个共同的经验和认识：建筑是为他人服务的。"

意大利绝对是一个建筑国度，显而易见地，它拥有世界上最多的文艺复兴、巴洛克以及新古典主义时期的杰作。相比于其他国家，意大利也有一个更为有趣和未开发的现代传统，柯布西耶纯粹主义的经典标准再次成为人类历史和艺术主题。

朱塞佩·特拉尼的作品吸引了丹尼尔·里伯斯金。作为一名建筑师，朱塞佩·特拉尼比其他人更多地发现两次世界大战之间欧洲历史强烈而致命的矛盾和分歧，并且在那些不被原谅的岁月里高度象征着意大利文化，对于丹尼尔·里伯斯金来说，这位科莫建筑师的作品带来对抽象叙述能力的启发，这种叙述能力带来当代的建筑语言。

在科莫建筑师的杰作中，里伯斯金找到了关于不可见元素的表达方式，因为他的作品总是在讲述历史，因此抽象得以存在；也因为朱塞佩·特拉尼尝试让建筑不要成为寂静无声的艺术，而是变成一种交流形式。他问自己，怎样让回忆成为构成建筑的一部分？

这是特拉尼在科莫纪念碑这个设计里提出的问题，也是我在柏林博物馆扩建项目中遇到的难关，怎样表达对20世纪一个大事件的回忆。特拉尼的纪念碑向天空开放，而柏林博物馆变成封闭的室内空间；特拉尼把在地平线上的开放变成博物馆中垂直的墙壁，围合周围的人，对抗未来的脸在景观中展开，就像是从树上飘落到地面的树叶。

从这个建筑开始，反思历史成为建筑的一种精神使命。犹太博物馆诞生于1989年6月，是新时代建筑符号，震撼了意大利文化。

但是折线形博物馆平面这个概念的起源是什么？

在参加博物馆扩建项目竞赛之前，里伯斯金已经在日内瓦国家皇宫里实现名叫"火之线"的临时装置，成为柏林博物馆的雏形。

"火之线"其实是奈尔维门厅的柱子之间的折线形，通体火红，一个白色的封闭切口沿长边切开，被多次复制。新的系列设计在之后的米克罗梅加斯中，被里伯斯金实现。

　　　　　　　　　　　　　　　　"火之线"装置，万国宫，日内瓦，1988年

"火之线"的形式意图在柏林博物馆项目竞赛当中转化成为两条相交的轴线，一条是140米的折线形，其剖面具有变化；另一条是直线，剖面不变。两个体块高度均为22米。两条轴线在它们的交叠当中不断相遇，形成建筑内不可接近的空间；一些存在但是不能跨越的空间，一些感觉可以穿越，但实际无法到达的空间。

这就是建筑里面不可见的部分，他们存在于两条轴线和建筑的虚实当中。一个完美的比例结构创造出空间张力，使全部表面变形，取消并且忽视边界，建筑结构本身讲述"一条生命被杀，却无人承认罪行"的悲剧。

博物馆不可见的空间使游客想起屠杀的悲剧。但是不止于此，这些空间激发起一个通用原则，为所有人展示一条人类种族文化和国家悲剧的认知路径，战争、恐怖主义、歧视和血腥镇压剥夺了个人体验。

在这个愿景中，柏林博物馆变成当代第一座讲述战争中政治罪行的建筑，并且是第一个时间语言的建筑实例。

虚和实总是有精确的比例和轮廓，清晰又客观的存在。但是在建筑的核心支配不可见的生命展示，通过唤起那些如同光线一样不断变化的故事。对于大家而言，只有当触碰物体、实体和结构的时候，才是可以感知到这个有普世价值的故事的时候。

1989-2001年，柏林

1989-2001年间，丹尼尔·里伯斯金在柏林开始建造博物馆。建筑是一项实践工作，涵盖设计、项目、施工、加工，需要一个有效的流程。但是在这项活动的实践过程中并不总是按计划和顺序发生。事实上，一共花费了13年，终于，博物馆在2001年9月正式开放。

这些年，里伯斯金的建筑履历里增加了很多有意义、有潜力的项目，带来许多源自博物馆建筑的空间概念。

柏林的两条轴线变成了奥斯纳布吕克博物馆的三条，以及不来梅爱乐乐团和日本胜利公司大学当中的四条线；它们彼此交错，有不同的空间倾向。曼彻斯特帝国战争博物馆中的整体碎片化，瑞士伯尔尼西区购物中心的体量交错，这些20世纪90年代的项目汇聚一处，很难整合建筑外部的概念；轴线之间的交叉变成建筑的节奏声调和交流动力。建筑艺术从任何角度看都反对完全孤立的存在。

在极为重要的项目中，形式在一定程度上的溶解让我们反思我们的文化，而且民主战争（过去20年中的8年）是一个很大的进步，组织和教育的重要性，如何应对世界自然灾害、人权，以及对抗独裁。

这些年的项目之一——伦敦维多利亚与阿尔伯特博物馆的扩建是近年来最为关注的项目。在这个建筑里，丹尼尔·里伯斯金的理解让我们意识到一个从未见过的新空间。该博物馆创造了一个精

神活动；外部封闭式修建连续墙体（墙体长度是博物馆历史建筑的周长），围绕一条垂直的、虚拟的、想象中的线，通过螺旋碎片化的过程在伦敦市内提升自己的高度。

当向高处上升的时候虚实被扭曲，表皮被再次细分，被一个不规则碎片形的分隔约束而彼此交错，形成建筑内部的承重结构。建筑虚实之间的关联非常壮观，在立面上具有多样性的特征，并且在接下来的每一层增加闪光的表面。

内部空间的变化，空间的直接光线和空间投影完全融入城市，让访客沿着螺旋型自己移动，联系建筑内看不见的路径轴线，逐渐上升，伴随着历史（绘画）、当下（自身）、城市（看到的）和博物馆（场地）。

在这个"发现迷宫"运动中心是看不见的垂直上升，水平直线作为柏林博物馆无形的穿插形式。

2001-2012年，纽约

2001年9月10日柏林博物馆开幕，许多重要人士出席，比如总理施罗德和亨利·基辛格，以及柏林爱乐音乐厅的建筑师汉斯·夏隆。而之后的一天，也就是"9·11"，全世界都淹没在纽约世贸中心双子塔被袭的事件中。

这一系列事件令人印象深刻，博物馆的项目完成后紧接着发生了11月最为耸人听闻的事件——柏林墙被推到，这一天也许是现代主义的终结，也是冷战和欧盟进程的开始，近代历史上最为悲剧的事件的结束，也是对美国心脏的攻击和伊斯兰世界民主战争开始。

在这两种情况下，能够对下一代讲述这些历史事件的建筑设计师无疑是丹尼尔·里伯斯金，他是唯一一个赋予建筑语言，让建筑参与人类事件的当代建筑师。他不是作为欧洲难民来到纽约，而是为了面对21世纪更精细和重要的挑战，那就是在恐怖主义和战争的残壁上重建世界贸易中心。

这是纽约历史上的第一次。丹尼尔·里伯斯金在他的项目当中成功地说服美国人，表达了回忆对构建城市的价值。通过这样的力量和承诺，他成为第一位扭转美国冷漠的坐标系统和不可撼动的城市栅格的建筑师。就像现代主义运动中伟大的英雄们一样，在美国他打开职业生涯和智慧的第二部分。美国，和亚洲一起成为最近十年孕育伟大作品的土壤；其他地区还包括多伦多、丹佛、旧金山和首尔。

　　　　　　　　　　　　　　　菲利克斯努斯鲍姆博物馆鸟瞰，奥斯纳布吕克，1998年

　　在每一个地方和每一个环境，丹尼尔·里伯斯金成功地提供或者展示了叙述性建筑的力量。不同国家带有不同的地理、语言和文化的多样性。他证实了那些建筑认知的共同原则：不同国家的人们在知识和政策等层面彼此距离如此遥远，只有建筑才可以绑定这两者。

　　一直以来，从埃及金字塔到埃菲尔铁塔，建筑和所有普遍价值进行对话；只有通过丹尼尔·里伯斯金的作品以及当代建筑，才可以参与这场伟大的冒险。

左图：丹佛艺术博物馆，丹佛，2006年

右图：犹太博物馆，柏林，1996年

1949	出生于博洛尼亚。
1960	在以色列学习音乐，获得美国-以色列文化基金会奖学金，成为一名著名歌手。
1965	成为美国公民。
1970	获得纽约柯柏联盟学院建筑艺术学院建筑学学位。
1972	获得英国艾塞克斯大学建筑史和建筑理论学硕士学位。
1978-1985	任克兰布鲁克艺术学院建筑系主任。
1986-1989	移居意大利米兰，担任建筑研究所所长。
1989	赢得柏林犹太博物馆国际竞赛，移居柏林，成立自己的建筑事务所。
1990	被吸纳为欧洲艺术与文学研究会会员。
1997	被授予柏林洪堡大学荣誉学位。
1998	第一个建筑——德国菲利克斯·努斯鲍姆博物馆落成。
1999	因柏林犹太人博物馆被授予"德意志建筑奖"（德国建筑奖），获得英国艾塞克斯大学人文学院荣誉学位。
2000	在文化意义上获得歌德金质奖章，同年获得"柏林文化奖"。
2001	柏林犹太人博物馆开幕，大受欢迎。获得"广岛艺术奖"——个授予艺术家作品推动国际合作与和平的奖项，首次授予建筑师。
2002	曼彻斯特皇家战争博物馆北馆落成；西班牙马略卡岛的韦尔工作室/私人画廊完成。同年获得爱丁堡大学和芝加哥德保罗大学荣誉学位。
2003	2月在纽约世界贸易中心的竞争中获胜之后，被任命为"记忆基础"总体规划建筑师。
2004	伦敦大学的研究生中心和丹麦犹太博物馆将于六月在哥本哈根落成开幕。获得多伦多大学荣誉学位。同年，凭借两项建筑作品——伦敦城市大学研究生中心和皇家战争博物馆北馆赢得"英国建筑师协会奖"；后者也入选"斯特林建筑奖"。大约在2004年，里伯斯金被美国国务院任命为第一个文化大使，作为文化交流体系的一部分。9月，Riverhead Books（Penguin Group）出版了他的自传《破土》，共计发行90余个国家。
2005	位于首尔的"切线"：韩国现代综合商社的写字大楼落成。为纪念在"9·11"事件中的受害者，9月11日帕多瓦的"记忆之光"开幕。10月，以色列拉马特甘的巴伊兰大学落成。 赢得米兰城市生活竞赛，重建前菲耶纳地区。
2006	赢得丹佛艺术馆扩建项目（弗雷德里克·C.汉密尔顿大楼）和艺术博物馆设计竞赛。
2007	多伦多皇家安大略博物馆和玻璃庭院完工；柏林犹太人纪念馆扩建：一个覆盖庭院的巨大玻璃穹顶。
2008	肯塔基州卡温顿的大桥住宅大厦落成；旧金山当代犹太博物馆和西区购物中心——欧洲最大的购物中心和健身中心落成。

| 2010 | 大运河表演艺术中心、都柏林画廊和城市中心———个位于内华达州拉斯韦加斯的商业综合体落成。 |
| 2011 | 德国德累斯顿军事历史博物馆开馆；新加坡吉宝湾海滨住宅完成。 |

建成项目

菲利克斯·努斯鲍姆博物馆，德国奥斯纳布吕克

犹太博物馆，德国柏林

皇家战争博物馆北馆，英国曼彻斯特

丹佛艺术博物馆扩建项目，美国科罗拉多州丹佛市

安大略皇家博物馆，加拿大多伦多

西部购物与休闲中心，瑞士伯尔尼

城市中心的水晶，美国内华达州拉斯韦加斯

大运河广场，剧院和商业建筑，爱尔兰共和国都柏林

军事历史博物馆，德国德累斯顿

吉宝湾映水苑，新加坡吉宝湾

菲利克斯·努斯鲍姆博物馆

德国奥斯纳布吕克，1998年

菲利克斯·努斯鲍姆博物馆是丹尼尔·里伯斯金建筑生涯的奠基之作。

透入的光线和生活的可能存在于画家菲利克斯·努斯鲍姆的住宅博物馆中。而建筑整体缺乏透明，也没有看到外界以及出入的可能，除了一个狭小的通往未完成世界的通道。建筑由三个体量相互穿插而成，每一个体量都有各自独特的材料和比例。事实上，三个体块都很独特，具有很强的辨识度。

建筑的建造仿佛是三个体量交叉的结果，也是体量之间的工作：在两者之间，或者交点处。如果我们在这个角度更加关注体块之间的交点而非关系，我们可以说在一开始建筑就超越了墙壁和洞口的单纯组合，超越体块之间孤

立的边界。

　　那些"两者之间"的体验对于当代建筑至关重要。注意力放在城市建设的缝隙中，那里隐藏着人类现象和活动的生命力。并且我们总是能在这些缝隙中找到更好的理论、更实用恰当的策略，因为理论和实践的关系并不确定。

两种不同材料的体量的外观

犹太博物馆

德国柏林，1999年

在这个博物馆扩建项目当中，里伯斯金决定通过两条轴线穿插形成的序列表达大屠杀空间，一条长为140米的"之"字形轴线，剖面不断变化；另一条轴线是直线，剖面一直延续22米的高度。

两条轴线多次交叉，在这种情况下，轴线的本质可以永无止境地延伸。在它们交叉的位置形成一个建筑物内无法进入的区域。存在，但是不可到达。

建筑内部两条相近的通道形成交错空间，游客在空间穿行的时候感觉可以到达对面，但实际上做不到。材料、触觉和听觉不断改变。展示空间的通道高度大大降低。

这些变化正在发生。游客在通道里面的时候，感觉自己处于一个讲述他们过去经历的地方。空间压缩使表面全部变形，取消并且否认建筑边界和建筑本身的修建活动。这种变形让人想起"不宣判死刑就可以杀死生命"的扭曲。

"之"字形轴线内的游客会毫无察觉地进入通道，因为这些交叉没有在外部呈现出来，而是在空间内不变化。空间使博物馆具有支离破碎的体验感。不可描述的感觉停留在展示空间自身的本质当中。

博物馆通过分散的、碎片化的和不连续的形式表达的不是反对所有人类罪行，而是一段必要的经历，为了理解我们来时的路。

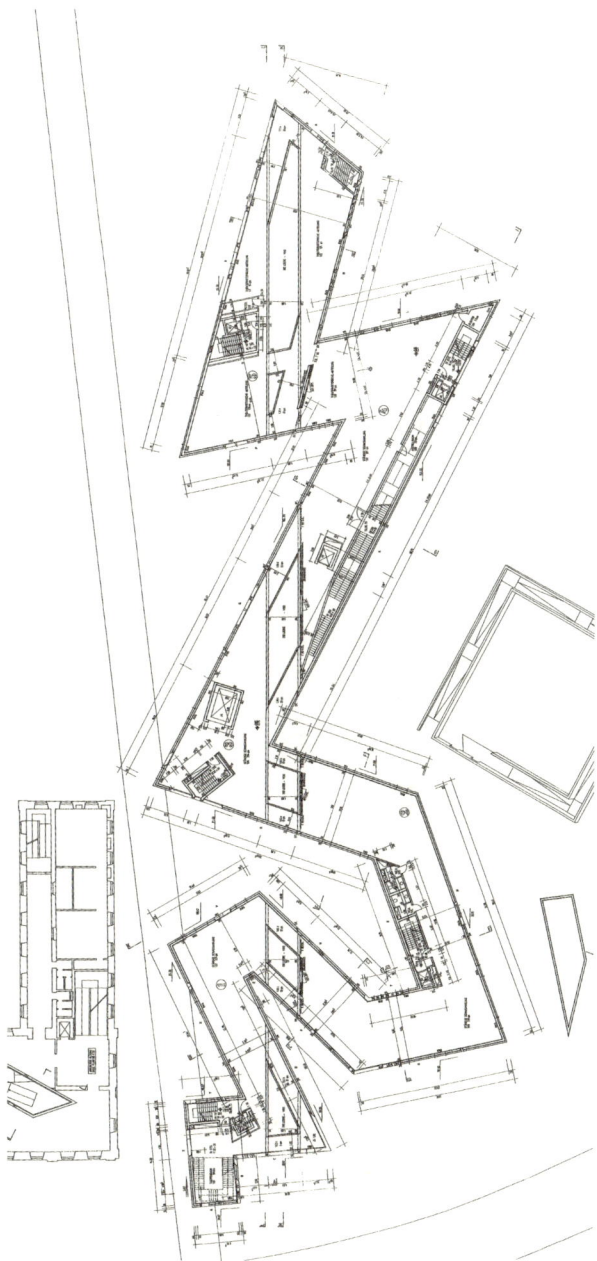

二层平面图

内部景观，主要楼梯和游览路线

皇家战争博物馆北馆

英国曼彻斯特，2001年

　　冲突和战争带来的悲惨经历将永远留在人类的生命中。残忍行为导致的悲剧性结果仍在继续。曼彻斯特皇家战争博物馆的建立围绕"世界各地战争和冲突的恶果"这一主题。

　　但是怎样可以让建筑讲述战争记忆，并且有助于终结它们？

　　设计概念来源于一个完整的世界被战争冲击成碎片，并且作为象征着冲突的图标。这些来自球体的碎片彼此穿插，构成建筑的抽象表达。这些碎片分别代表土地、空气和水。战争轴线是断裂的、支离破碎的，没有人文主义循环，彼此之间相互破坏。把地球无限的循环分割减少成为孤立的片段，甚至无法通过建筑重新组合而变得连贯。

鸟瞰

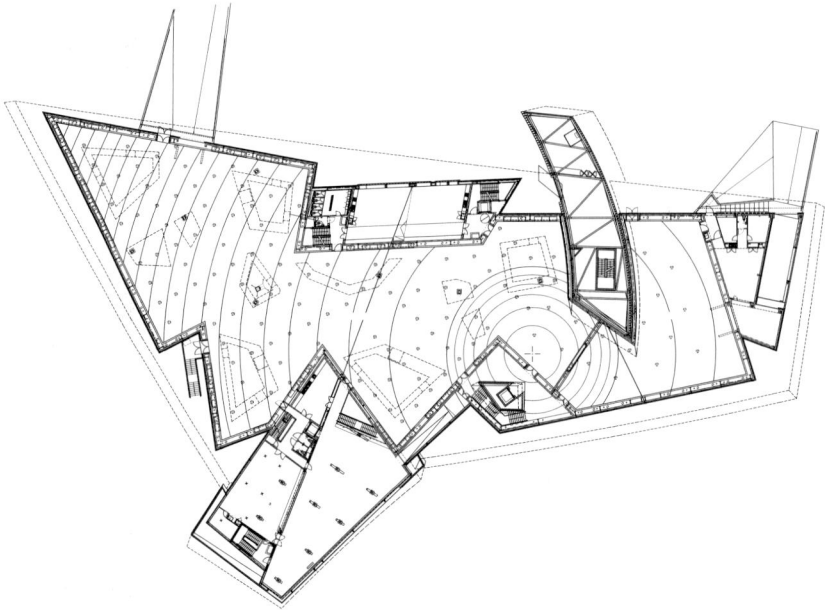

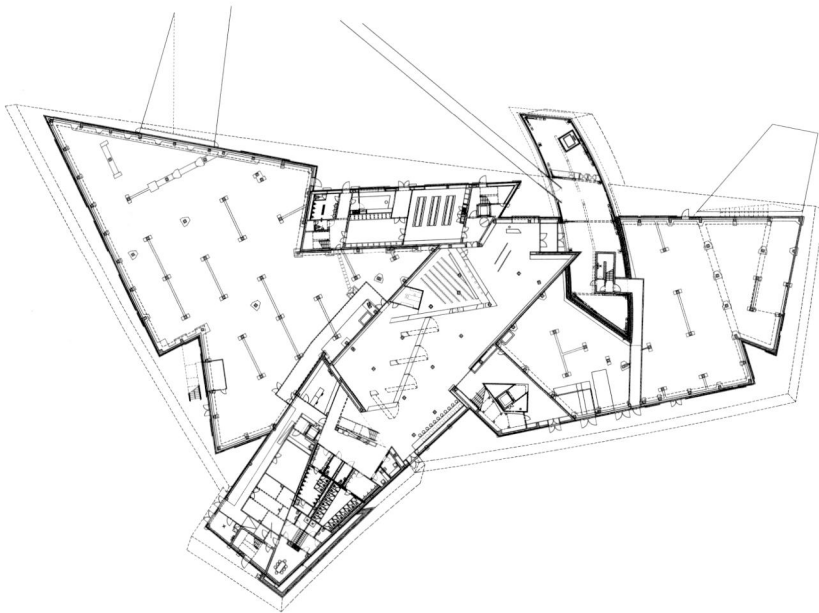

上图：展览层平面图

下图：地面层平面图

建成项目

TimeStack

"I don't think about it for months.
Then I dream about it.
I can't get it out of my system
— how extraordinary it was"

939-1945
THE SECOND WORLD WAR

quest

丹佛艺术博物馆扩建项目

美国科罗拉多州丹佛市，2006年

丹佛博物馆这一项目进一步回答了21世纪博物馆建筑的重要问题。在和馆长的接触当中，里伯斯金抛弃了中立的建筑盒子。建筑应该通过采用可变体量的方式获得和适应多种当代艺术的使用需求。

与多伦多博物馆不同，其展示方案被预先精确规划，因为自然和历史系列展品已经存在。丹佛博物馆则截然不同，每一面墙、每一块玻璃、每一个空间都为艺术家和教师提供机会，让他们在建筑和艺术之间创造出新的协同作用。

事实上，不同的艺术家通过不同的方式来丰富和完善博物馆。游客的体验被扩宽到对于现代艺术作品的理解当中。建筑空间和作品相适应，并且和传统的习惯与陈列大不相同，比如文艺复兴时期或者古典主义的作品的空间。在丹佛，我们能够了解当代社会的本质和想象力之间的差异。"博物馆建筑应该实现或者通过一个标准修建，这个标准能够重复用在每一个艺术和文化形式。"丹佛战胜了这种讽刺性言论。

主入口

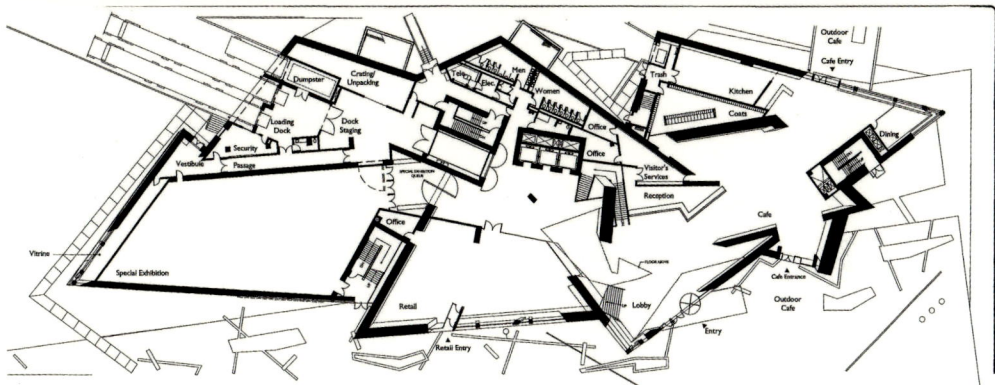

上图：丹佛艺术博物馆扩建状况

下图：地面层平面图

上图：展览空间

下图：剖面图

对页：连接各层的楼梯

安大略皇家博物馆

加拿大多伦多，2007年

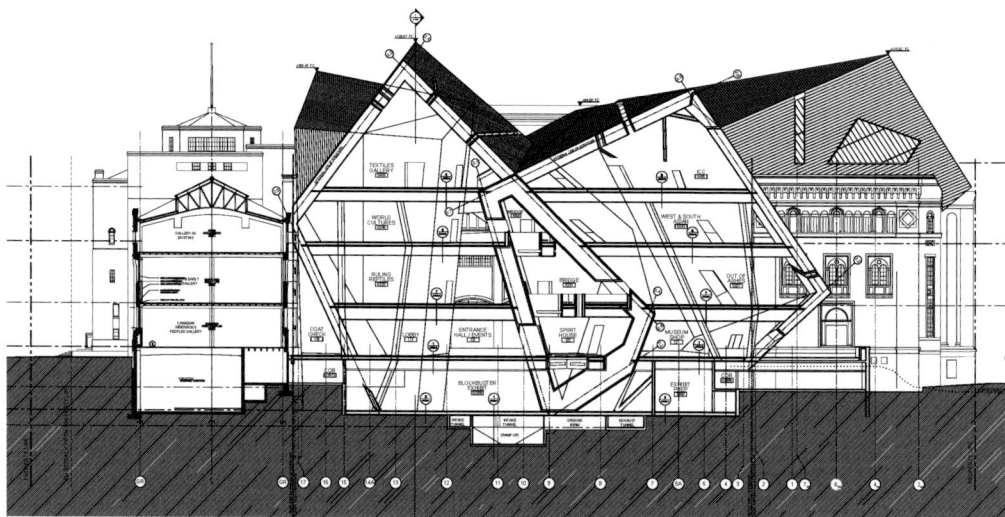

建筑由五个互相交叉的体量构成，令人不由自主地联想到水晶。

建筑表达了邂逅建筑历史的愿望，这种体验源自意大利，却被意大利人遗忘而拒之门外。

事实上，皇家博物馆脱胎于阿尔伯蒂设计的位于里米尼的马拉泰斯提阿诺庙，新古典主义建筑大师皮耶尔·马里尼，坎托尼重建中世纪城市，在科莫历史中心对朱塞佩·特拉尼设计的维埃蒂住宅的反思。所有的历史建筑转换为水晶状单体，用它们的力量、它们的几何、它们的新尺寸，给了城市一个不同的记忆阅读。同样是在多伦多，随着回忆和历史褪色的墙和砖石当中古老的部分重新获得力量和交流，展示出较高程度的和谐，没有时代的隔膜

也没有历史学家的解读，只有面对宏大作品的
感受。最后，在安大略省的展陈方案是实现精
确的自然历史，领略大型恐龙暴露在房间中，
强调类似于黑暗时代的结构，使游客转向每个角
落，每次在纵横交错的大型室内空间游走。混乱
是一个最为接近里伯斯金对空间想象的物理实
现，伴随着一系列名为米克罗梅加斯的设计。

西部购物与休闲中心

瑞士伯尔尼，2008年

　　这座非凡商业中心的设计概念是被格劳乔·马克斯激发的，他在电影里提出了一个商业空间概念：商业空间属于消费者，满足他们的需要和他们的愿望。

　　在这座建筑中，存在一个必须参与的秩序吗？

　　是的，存在一个相互交叉的矩形体量构成的商业框架，但是所有的游客都没有意识到这个框架的存在。

　　商业秩序使大部分大规模的零售商的空间即时且永久被废弃。就像一个艺术家，当创作一幅画、指导一部电影、写一本书一样，里伯斯金在伯尔尼建立了杰作，进入并走出了功能和重复性，以精湛的手法反对这些巨大空间的非场所之处。这些商品的销售空间充满冒险刺激，不同的灯光和阴影，双层和三层的高度，在其中每个人都为老欧洲市场般的感觉感到陶醉。

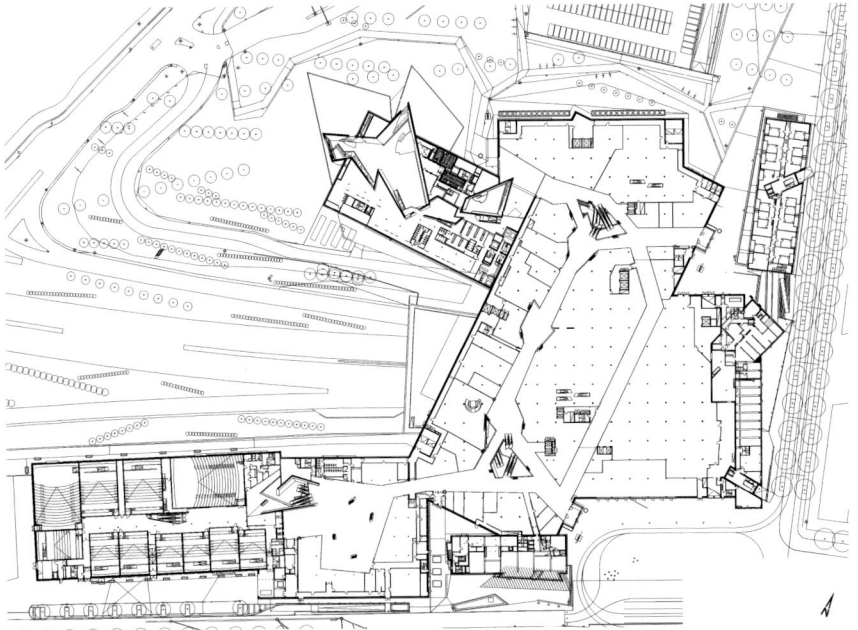

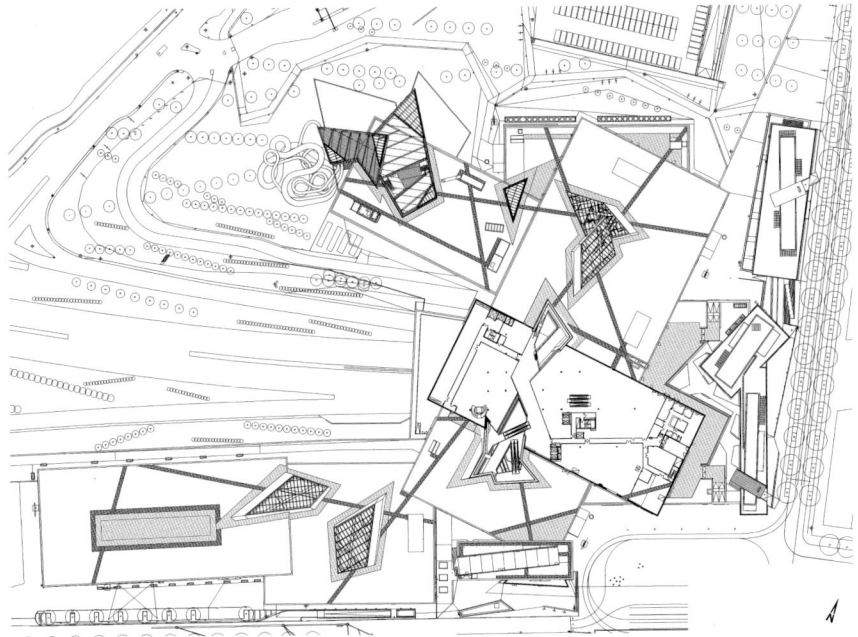

地面层、三层的平面图　　　　　　　　下页：游泳池与Spa　　　　058　059

中央商业区内景

城市中心的水晶

美国内华达州拉斯韦加斯，2009年

　　　　　在拉斯韦加斯城市背景下的建筑

拉斯韦加斯是一个对于建筑师来说非常危险的城市，这里充满了对英雄和商业的渴望，带有"普通人"品味和价值趋势的争议，巧妙地安置每个建筑风格，只为吸引游客和赌徒。

罗伯特·文丘里，在其著作《向拉斯韦加斯学习》中将这个城市与后现代主义建筑联系起来，也就是用拱券和柱列装饰结构的现代结构建筑。本质上来说，拉斯韦加斯这个城市有这样一条规则：对于建筑来说，品牌、有象征性的发光的招牌才是最重要的。

这个水晶建筑勇敢地反转这个商业景观，同时保持作为拉斯韦加斯这样的城市所渴望的所有激情和梦想。符号和文字，投影在晶体倾斜的外墙面上，这不是真实财产的符号。但形式的变化恢复它的性质和功能，使城市不仅是一份由符号组成的报告，而是一种形式，能够表达自己在纯粹商业模式当中自治的经验。

大运河广场，剧院和商业建筑

爱尔兰共和国都柏林，2010年

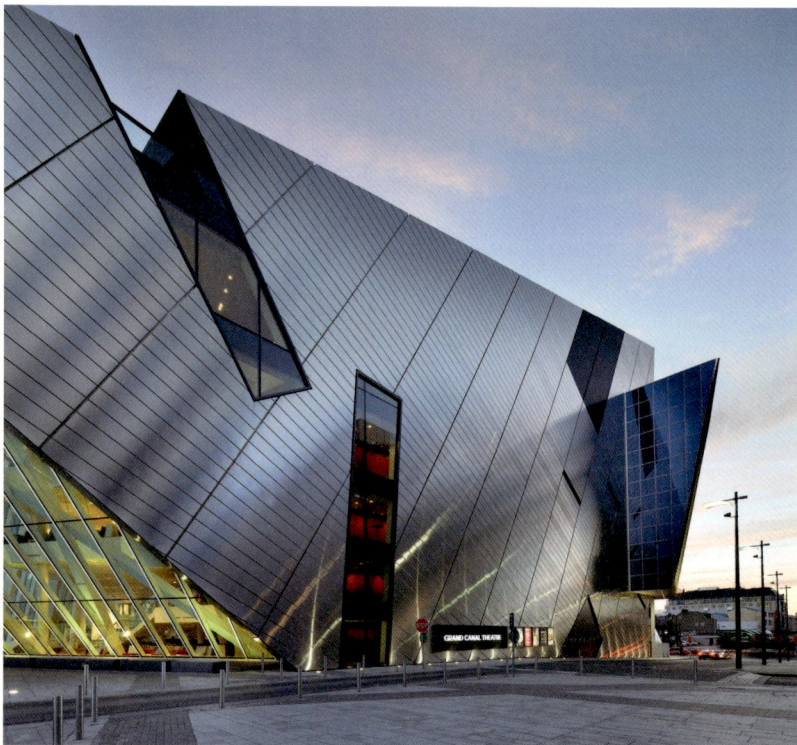

都柏林市属于詹姆斯·乔伊斯。他是被广泛阅读、研究和喜爱的作家之一，也是诗集《室内乐》的作者。这个标题也是对于里伯斯金设计的著名解读。

尤利西斯和芬尼根守灵夜市就像迷宫一样充满意外，新发现、片段消除了要解决的难题和应用技术之间的任何联系，鼓舞建筑去创造形式和临时行为当中的张力。

在大运河，它的玻璃幕墙让人联想到美丽而伟大的西方哥特式教堂，通过无数次表面几何变化和覆盖在巨大遮蔽物的阴影下，建立对整体无限的光影层次，是对于不可描述的文本和那些建筑当中不能看到的本质特征的惊人表达。

这个建筑，里伯斯金写道，应该是"比一朵花更假，或者一个谬误，是一个虚构，就像是一幅画、一株草和一片蓝天"，因为在他的作品当中已经存在成功阐释对于已经存在事物的体验的空间。

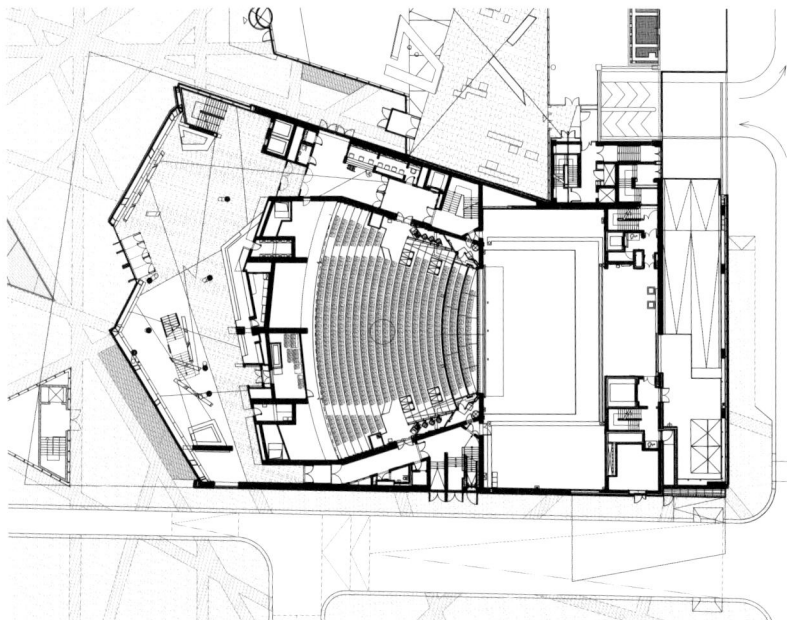

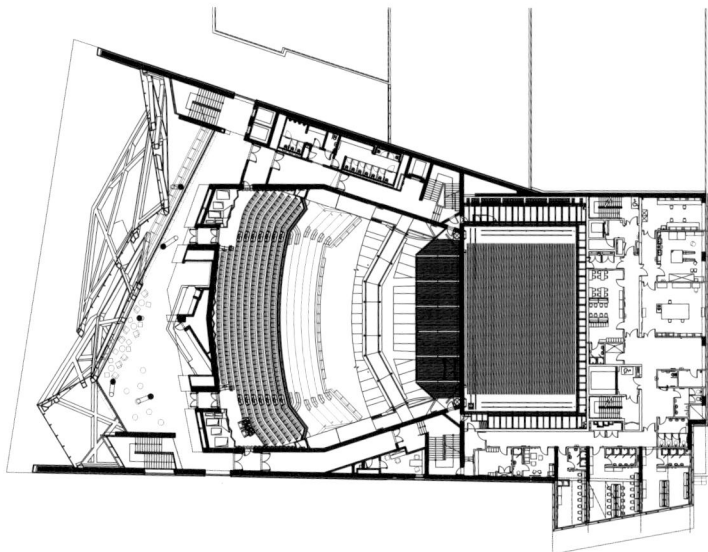

建成项目　　　　地面层与四层建筑平面图

内庭

军事历史博物馆

德国德累斯顿，2011年

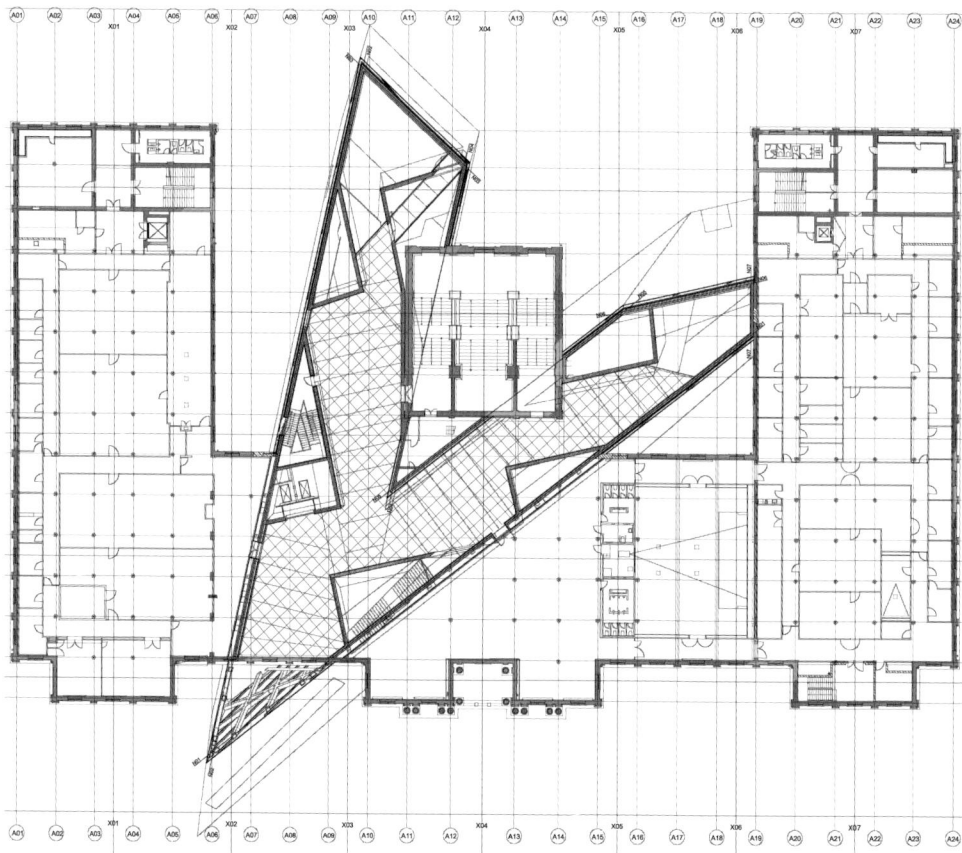

德累斯顿是具有纪念意义的德国小镇。它的纪念性源自广场、神奇的桥、非凡的森佩尔剧院以及穿过斜屋顶的阴影和巴洛克城市形态的北欧光线。

德累斯顿军事历史博物馆的纪念性指固定性和建筑形式的稳定性特征的相互作用。里伯斯金选择在作品中颠覆这种稳定性和永久性，选择突出它的明显——插进原有建筑的锐角形成让人难忘的表达。

这个角落关系到建筑经验的文化和知识，即它的工作原理，它的逻辑结构的起源。

对于伟大的建筑师，以罗马的平面规划为

例，城市空间特点不是来自宫殿的形式、颜色和材料，也不是来自封闭的部分和开放的部分之间的关系，而是来自角落的位置，来自角落和建筑之间的节奏和距离。角落对于罗马建筑师来说是每一个建筑起源的抽象认证，也因此成为城市的基础原则。

德累斯顿实践重申这个规则：不反驳建筑的经验，这是对于艰难重建一个被摧毁的最迷人的德国城市而言，提供了参考。

吉宝湾映水苑

新加坡吉宝湾，2011年

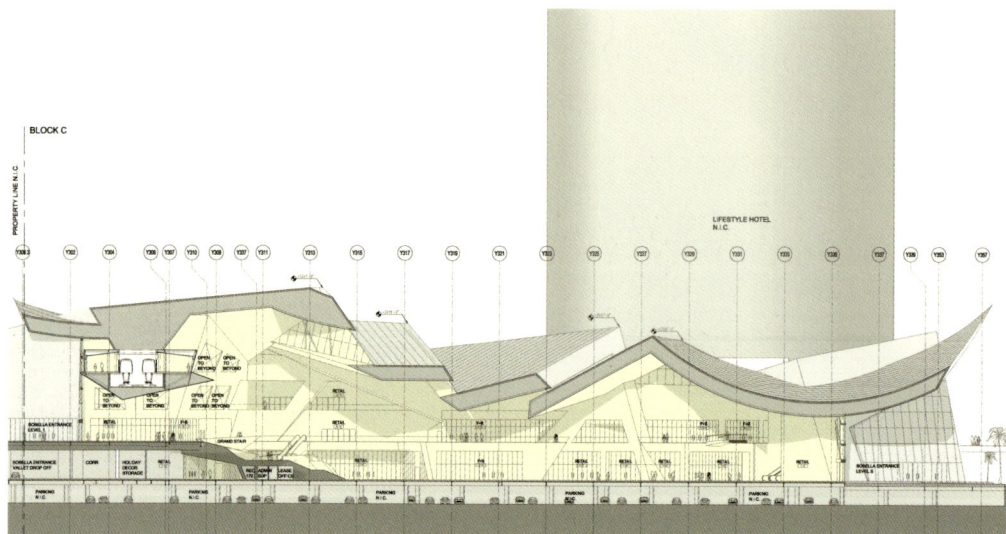

我们认为一座石头城市，它有确定的形式，对于我们的动机有着清晰和能够理解的操作；我们再想想现代城市，通过它的逻辑秩序产生对于城市理解的方式。然后我们观察映水苑的照片：黎明时分，在吉宝湾，带着曲线的塔，我们称之为"伟大西方教堂的美丽，似乎要通过尖锐的塔顶刺入天空。"

思考21世纪的城市，那里的关系存在于不同尺度、不同结构和部分之间的组成；它有着曲线的起源，并受到艾伯特·爱因斯坦和20世纪50年代的伟大发现——相对论定律的启发，空间凸起的曲线不再是欧几里得式的。

城市不是一个简化的过程，也不是实施确定的社会和经济规则，而是我们对于社区精神和认知的反思。城市是一个地方，在里面我们会突然意识到在其结构中看起来静止、无形的空间通道围绕着我们，它存在的本质是使"人"这个字以尽可能宽泛的方式书写其中。

上图：从海面看建筑

下图：夜景

设计作品

维多利亚和阿尔伯特博物馆扩建，英国伦敦

"零地带"总体规划，美国纽约

高兹普罗姆公司，俄罗斯圣彼得堡

城市生活，意大利米兰

信号塔（巴黎拉德芳斯），法国巴黎

维多利亚和阿尔伯特博物馆扩建

英国伦敦，1996年

V&A是一个完全基于螺旋的无限可能性的建筑，它的形式是对艺术和历史的永恒循环的致敬。螺旋形是人类用来了解宇宙的极为古老的古代元素。这一形式同时也包含对于赖特的著名设计——纽约古根海姆博物馆的尊重，它的室内展示空间伴随着一个环绕中庭连续螺旋上升的坡道展开。里伯斯金的扩建项目位于已经存在的三个博物馆建筑中间；外部的封闭性被

来自创造的连续墙面（其长度相当于V&A博物馆历史建筑外墙长度）在空间里通过螺旋的片段卷起的进程，这里产生一个垂直的、虚拟的并且有想象力的线条。

本质上，建筑物的外墙在向上上升时会弯曲，并且分隔成彼此相交的表面形成整个建筑物的支撑结构。

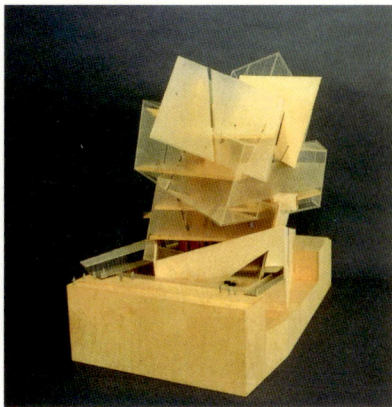

单个表面的大小是由一个分形分区控制。每个面是可分配的、无限的最基本的几何图形，如三角形、正方形和六边形。

这个操作允许实现外立面表皮在标准化尺度下使用材料，同时，在独立的材料的匹配上获得无限的组合。它们的材料变化（就像为柏林博物馆设计的）从一层预应力混凝土，到建筑终端的透明材料，垂直方向一直在变化。内外之间的联系如此引人注目，各种各样的外墙，每个楼层都在增加闪光的表面。内部空间的交替，直射光照到的空间和完全暴露在外部的空间（城市）允许游客在各种分叉路中移动，靠近历史（画）、现在（自己）、城市（他们所看到的）和博物馆本身（场地）。

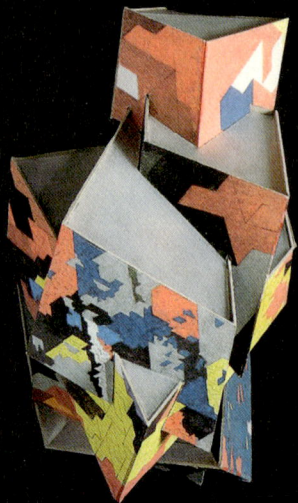

餐厅和展览空间的效果图

丹尼尔·里伯斯金赢得了重建"零地带"国际竞赛。与其他每一个参赛的设计师相比，建筑总平面完全不同。不是仅仅集中在新生的标志性摩天大楼上，而是从纽约城市的视角，使双子塔因被袭击事件而变得和从前不同。著名的正交网格是塑造美国思维方式的象征，已成为助力发展美国的商业力量，使得21世纪成为"美国时代"，一个没有增长极限的时代。这套正交网格与历史、回忆、文化都不相关。在里伯斯金的总平面当中，悲剧带来的巨大空洞轨迹停留在双子塔旧址中，留下可供发现和凭吊的纪念物，阻止了美国不可能避免的商业化重建、道德冲动和未经实践的想法。

对于空的保护是从柏林到纽约延续而来的承诺。对于这种选择，如在柏林，里伯斯金被传统主义建筑师们攻击，他们随时准备建设，

对记忆毫不敏感。他写到，项目的核心不是其他的，而是共享的公共空间；但是繁弦急管的纽约如何创造这种寂静，尤其在袭击受害者的经历被集中的地方，这种寂静却完全必要。

一个精神的摩天大楼在自由塔里到达极点，建筑高度相当于美国独立的那一年，建筑轮廓和自由女神像形成对话。现代主义凝结在优雅的零地带，并被转化为更大的企图：建筑与其文明相和谐。

模型

自由塔的渲染图

高兹普罗姆公司

俄罗斯圣彼得堡，2006年

俄罗斯是一个在伟大和沉默之间不断波动的国家，比如塔特林和柴可夫斯基、国际塔和塔可夫斯基的电影。国际塔是高度超过巴黎埃菲尔铁塔的复杂化螺旋形结构，三个被钢筋缆绳悬吊的体量：一个立方体、一个金字塔和一个圆筒，在重要结点重组，在重组的频率上，所有参观路线在适当的轴线上有多重不同的、有规律的节奏。塔可夫斯基的电影，通过描述永恒的风景和缺失呼吸、吹熄蜡烛的呼吸，主角想要从游泳池的另一边渡过，是对生活的隐喻。

里伯斯金设计的拱券是悬浮在两极点之间，通过一种全新结构的张力，结合精彩和安静两种体验。拱券是古罗马人的发明，展示其自信和表达建设的能力，但是在无边的俄罗斯土地上似乎只能找到一个阶梯和一个当代的尺度，它全部的意义是作为概念和形式之间的媒介和张力。

单纯否定这个项目的宏大太过武断，这与欧洲社会的有限愿望大相径庭；里伯斯金漫步在另一个方向，就像已经过世的伟大建筑师一样，不会再走回头路；城市和建筑总是质疑不可能，要扩宽自然历史和传统之间的鸿沟。

效果图

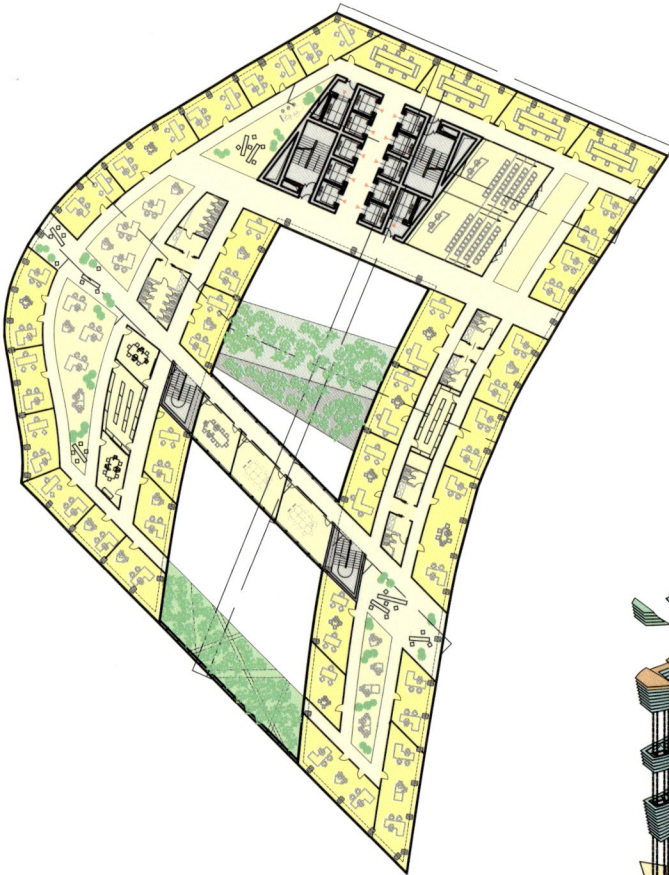

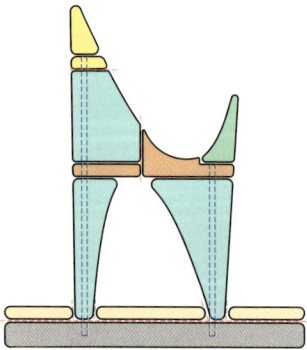

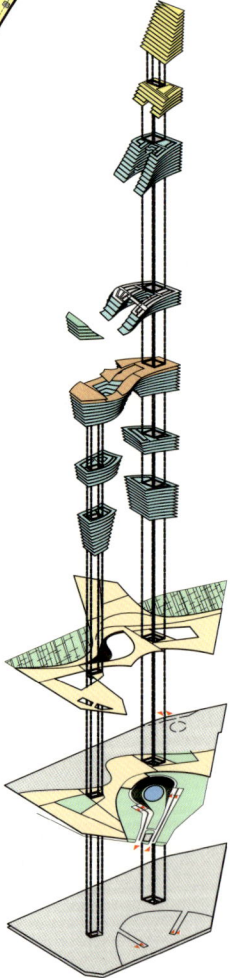

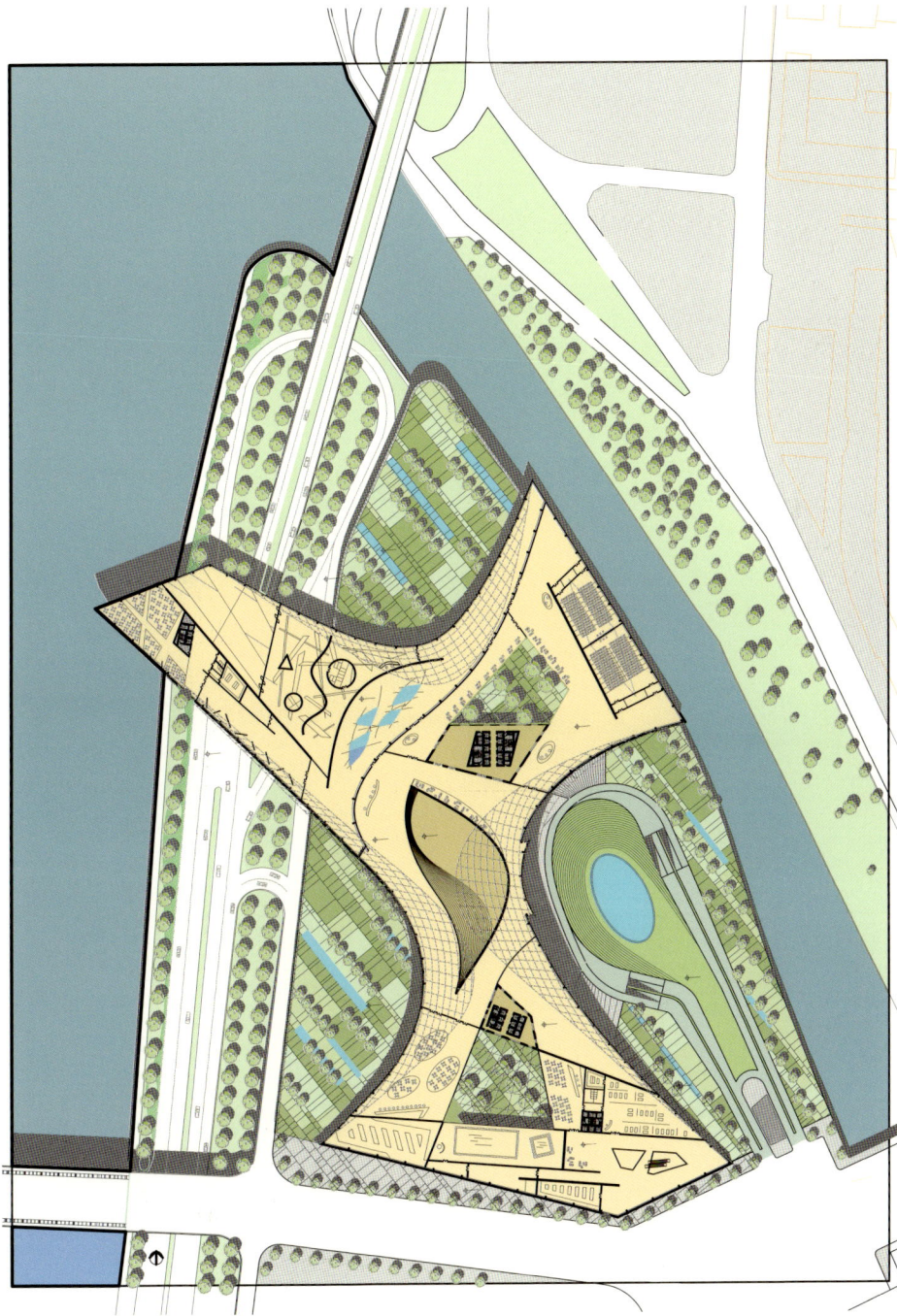

总平面图

城市生活

意大利米兰，2007年

　　这个项目是独一无二的，为了米兰和部分伟的大米兰居民传统而设计，具有丰富的想象力和象征主义哲学。建筑拥抱21世纪有意义的城市花园，通过可持续材料反映米兰的自然和文化氛围。

　　在他的总平面构图和类型学形成一个实现最高的生活品质的"内庭"，放置在一个抒情诗氛围中，沉浸在绿色公园和城市生活的公共空间。所有公寓都拥有高质量的自然光照明和优美的环境景观。每一个都是内外相宜，为了创造丰富和可变的象征主义的结合，宽阔的台阶变成虚拟的城市客厅空间。这个复杂的居住区和他的天才选址展现出21世纪十分安全便捷的停车场、舒适和豪华的健身场所、丰富的文化创意和整个地区的城市生活。在繁盛的米兰生活，不是一个梦想，而是一个真实的意愿。

设计作品　　　　　　　　　　　　　　　　建筑效果图

总平面图

下页：当代艺术博物馆塔顶效果图   096   097

设计作品　　　　住宅部分效果图

信号塔（巴黎拉德芳斯）

法国巴黎，2008年

众所周知，拉德芳斯是位于巴黎西部崛起的现代化地区，由摩天写字楼、公共建筑和商业中心构成。

1958年拉德芳斯开始成形，如同现在美国的曼哈顿和芝加哥一样，修建首批建筑（那些最早的一批建筑）替换工厂、居民区和农场。拉德芳斯的历史最初起源于商业用地的区域概念，逐渐"被迫"成为现代建筑的象征。因为它的起源决定了其建筑无法脱离商业企业，单纯作为当代建筑刺激的符号而存在。

该街区的传统特色被包裹在"大拱门"的符号中，大拱门是从凯旋门弧线开始的位于轴上的第三个凯旋门，"立方体"很大，可以容纳圣母院！在他的项目中，丹尼尔·里伯斯金无数次试图在场地内解释，建筑不仅仅是事物的符号。这座塔包含常规的办公室、居民区、旅馆、商店、饭店和公共建筑，在空间内扭转，给予地点一个具有暗示性的形式，暗示绿色的倾向，可持续的介入。

在森林里的一个中性盒子，被装饰以最好的材料和最先进的技术，里伯斯金的摩天大楼尖塔作为一个沉浸在绿色中的自由表达，提

出新的工作方式和感觉城市与历史的方式。水晶形立面打破拉德芳斯城市景观的单调，解构产生的视觉效果令人兴奋，以及意想不到的激情和情感，丰富的经验，更时尚酷炫的中立建筑。令人难以置信的是思考这个建筑和埃菲尔铁塔之间深层次的连接，和对埃菲尔铁塔的重新发现。一个让全世界都兴奋的作品，它的构图，它的精神影响摩天大楼的建筑方式，以及连接过去和未来的伟大机会。

塔楼效果图

设计作品　　　　　　　自由广场的效果图

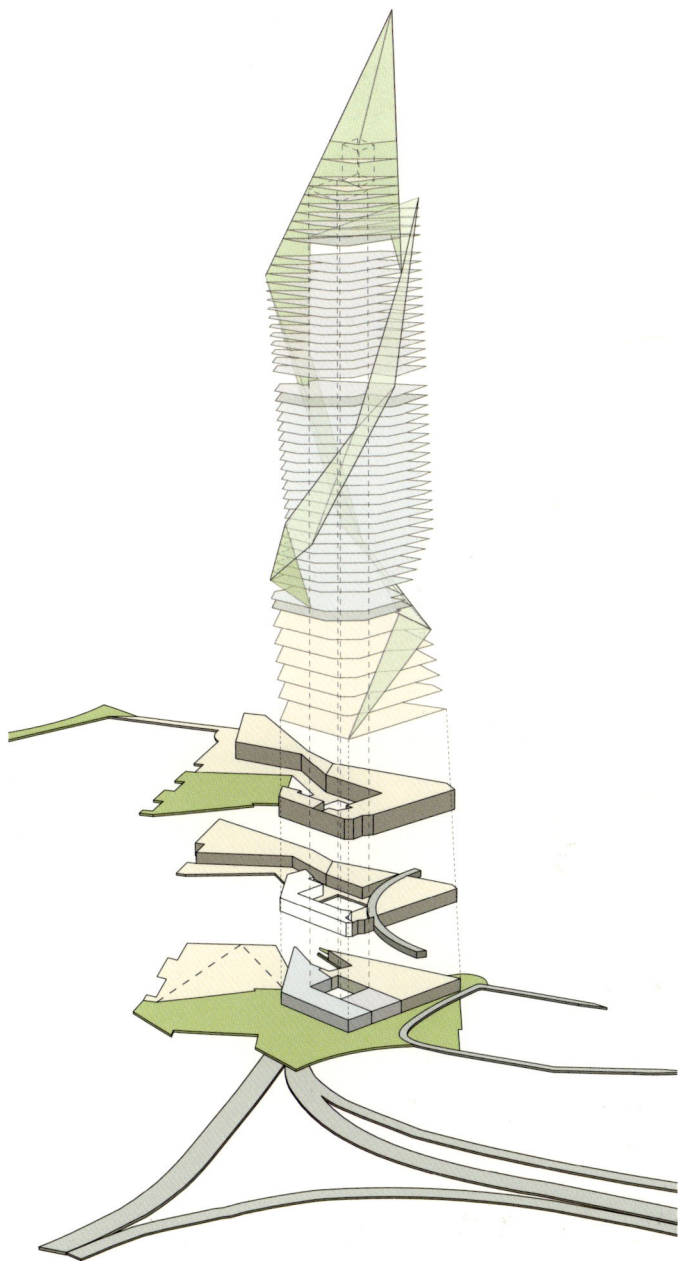

各层关系的爆炸图

建筑思想

丹尼尔·里伯斯金访谈1

利维奥·萨基（Livio Sacchi，以下简称L.S.）：你认为建筑和艺术之间的关系是什么？

丹尼尔·里伯斯金（Daniel Libeskind，以下简称D.L.）：我相信杜尚说的：建筑不是在里面添加液压装置的雕塑。建筑的功能是在其内部展示生活。

L.S.：你认为你设计建筑的方法是可以被大众、大部分建筑师和学生所共享共用，还是针对非常具体的部分建筑场地？

D.L.：不是。我认为这是建筑通用语言的一部分，既被认为是一个现代主义手法，以天空为背景的壮丽轮廓，又被认为是在北部中世纪的阴影下艺术领域的一部分。建筑将一致作为文化、纯粹的发明、诗歌以及交流手段。

L.S.：我们尝试在对意大利相关的主题上进行探讨。你到过意大利并且十分了解这个国家。你怎样看待意大利现在的文化状态？为什么近二三十年来我们国家修建的工程很少被认为是建筑？原因是什么？建筑师的难产、客户的无能、城市规划法令不合理还是其他的原因？

D.L.：我不是专家，但是可以肯定的是我认为存在一些类似教条和僵化的东西。当理解历史的时候，有影响力的不再是建筑，而是过度的历史压力。甚至不全部是历史的压力——所有人感到历史的重压——某些程度来说缺乏对于什么是历史的论证。在意大利有一些很讽刺的情况，一个国家拥有惊人的文化遗产、艺术瑰宝，为了历史实验建立过最大领土，现在却如同被冻结一般；也许会在一些不寻常的和艺术、建筑都不相关的刺激下解冻。

L.S.：那么历史的压力是大多数建筑师在工作中表现得自信的阻碍么？建筑师对自身设计能力的极度不自信源于何处？为什么你对每一个新的项目，每一个新的建筑都带着绝对的自信？

D.L.：我认为意大利文化真正的问题是孤立。我现在每一次来到意大利都会觉得这是一个和日本很像的国家，两者都很孤独，有各自敏感的地方。它们似乎仅仅担心会对每一种转变和发展形势免疫，拒绝改变原有的状态，所以得过且过。我知道这似乎有些奇怪。可能过往辉煌的历史创造了这种对于新事物的恐惧。每一个变革都是一次对于其他所有事物的攻击，社会恐惧世界的变化。但是我相信世界在无可避免地高速改变，那么情况将会更糟糕。

L.S.：毕尔巴鄂通过媒体获得巨大的影响，在意大利也是如此。也许这会催生出新的东西。现代的哪些原则你认为可以保留，你认为你的工作仍然与现代联系在一起吗？

D.L.：不，我不这样认为。但的确和当代相关。我认为我们必须分清楚现代性和现代主义，不要玩文字游戏。我认为现代主义是思想意识在一个特定的历史时间的一种现象。同时，现代性是现实的一个永久的方面，它不停变化。在这个意义上讲我认为这些全部来自现代主义，来自现代思考。音乐、绘画或者哲学都和建筑过程相似。

L.S.： 现代社会一个非常新也非常有趣的一点，也是在意大利，是大城市似乎总是面临多种文化的严峻考验。大城市呈现出实际发生的少数民族文化相遇碰撞的案例，今日尤甚。多元化的存在似乎是为了成为与众不同的特性，在我们生存的环境当中盛行。你认为建筑应该反映或者接受这种多样性么？美学评判同时又政治正确，还能发挥实际作用的构想有可能存在么？我们怎样用建筑语境和多样性对话？

D.L.： 我认为这是个非常好的问题，但是不太容易给出答案。但是我认为在多元主义背后存在许多伪装，多元主义是一个超过传播负荷的词语，包括世界建筑。多元主义这个词想要成为一切。我觉得对多元主义的思考和仅仅在一个范围的思考之间存在很大差异，它只是一个证明任何观点的掩护，因为每一个随意的动作都可能会成为公共空间。

L.S.： 确实这个在美国正在被证实，是当代艺术的中心议题。

D.L.： 我认为没有一个很好的范例。建筑，就像真实世界的每一样事物，不能在市场上商量的，不是简单的可变市场的一部分，不是简单地世界的一部分，它有它的规则，不能基于其他批判进行操作。你说在一个民主社会当中开放领域以外的对话是很有必要的。从其他方面我遵从的原则是没有原则。自由不是一件容易的事，面向所有人的自由就更加困难，但这不是离开的原因，不可能在不思考传统的前提下思考自由。不可能思考历史而不去想从根本上打开建筑主题的自由。

L.S.： 似乎对于我们来说，在犹太人文化遗产和一些其他的当代主流哲学思考主题之间有一种特别的联系，比如说精神分析学、解释学、解构主义。你认为个中关窍是什么？

D.L.： 如果只存在一个表皮（覆盖物），通常情况来说一切都会包含在内，我必须说在群体上，犹太人是一种没有认证边界的身份。事实上成为犹太人没有任何特权，它只是一个展示方式，是一些事情的展示。我相信从这个层面上说，每一个犹太人都有一种思考方式，至少对于20世纪的这场悲剧，既是犹太人的，也是各方的。没有对于犹太人的认证，从开始就存在这个问题，挑战现在任何一个合理化倾向。是那些不可见的，不能交流或者协商的。真的很精彩。

L.S.： 这与当时的跨国状况有关（或更好地说，当代社会带来的跨文化交集）。你觉得自己是跨国建筑师吗？

D.L.： 是，绝对是。你要通过这些经验来感受大家感受到的：祖国不是一个在地图上不同于其他地区的色块，回到它的根源往往有很大的意义。

L.S.： 你觉得自己有根么？

D..L： 没有，至少没有这种感觉。犹太教的月历可以理解为一种超过神的物种，所有涉及上帝的历史都被化为灰烬。这是一次真实而恰当的冒险，我认为原子弹投放后立刻发生大屠杀不是巧合，我一直认为与数百万人的灭绝有着联系，伴随着大规模的毁灭，而不是一次意外。

利维奥·萨基与里伯斯金的访谈，《Il Progetto》杂志，1997年第三期。

丹尼尔·里伯斯金访谈2

玛丽安·布劳什（Marianne Brausch，以下简称M.B.）： 我们可以认为您的建筑是解构主义么？在现实意义上或者在哲学意义上？

丹尼尔·里伯斯金（Daniel Libeskind，以下简称D.L.）： 我的作品不是"解构主义"，同样的我也没有使用过这个标签。菲利普·约翰逊在纽约现代艺术博物馆（MOMA）的表达中使用过这个词。解构主义这个概念最初存在于哲学当中。但是从这个观点出发，我的设计和这个概念几乎没有共同之处。我甚至不敢说解构主义这个词在建筑领域是存在的，它不可能存在，因为建筑是"结构的"。建筑是这些阵营的一部分，其特殊之处在于不可能解释世界：我们可以想一想，建筑不可能随时准备好消失或者变化。一个文本总是新的，有多样的解读，并且是开放的，翻开书的一页，便停留在在我们之前已经通过其他方式理解的过去上。但在我们看来，亚历山大广场花岗石外墙有很长一段时间在那里，并且是一个不可逆转的事实。在我看来哲学涵盖其他领域。这里包括建筑趋势，不是指潮流，而是指它的当代价值，至今仍然值得一提。为了表达一个判断或者给出一个观点，需要接受更长时间的等待。

如此，我寻找在巴比伦、埃及和罗马建筑当中的现代、先驱和解构的元素——属于所有人的趋势。我想要拓宽这种趋势的时间范围，在深处呼吸——给它留下潜移默化的影响，就像那个厨房里的意大利面团。人类倾向于远视并且不看那些眼前正在发生的。现在存在一个绝对的距离去对门德尔松、陶特和密斯致敬；事实上，和昨天的宣传有足够的距离，才让任何事情如此精彩。我们需要魏玛共和国事件的时间间隔。这些成果具有伟大的精神形象，不仅是过去，也是未来的迹象。

M.B.： 建筑无论如何，在某种意义上，是一种通用艺术……

D.L.： 我也这么认为。因为建筑有时是被忽视的。大众不懂阅读，所以忽视。有一个故事距离我们数千米远，是遥远世界起源的一部分，尽管所有人总是需要敲门，但是可以实现"芝麻开门"的神奇。

M.B.： 重要的是：你必须有机会来敲门……和打开！

D.L.： 是的，是可能修建亚力克斯入口的大门，但是没人能够打开。这种思考方式对我来说很陌生。既不是佛教，也不是犹太教、基督教或者伊斯兰教。我们现在发现自己十分不幸，在峡谷的底部。我知道历史没有一个不断发展的连贯性，并不像钟表一样规范。所以我们应该提出问题：我们在哪儿？我认为我们正在穿过一个黑暗的时期，等待一个新的杰出人物出现。歌德与爱克曼的聊天，说他很高兴知道他会死在19世纪，并认为这会有不用生活在20世纪的优势……这是一个非凡的愿景。意识到死在19世纪是一个恩泽，因为问题不会和歌德的浮士德或者拿破仑的冒险有相似之处。可以在我们时代的结尾处碰到建筑的极限，通过一种在内部世界产生的爆发。梦想和现实之间的距离是如此之大，在建筑层面，没有表达自我，但是以保守的方式。

M.B.：申克尔呢？他用废旧材料修建城市，在更大范围内打破连续性。可以成为一个桥梁，当然十分大胆，在我们的时代乌托邦式的城市项目，你怎么看俄国的乌托邦，尤其是列昂尼多夫的设计？

D.L.：没有乌托邦的世界是不值得生活的。但是碎片和领域确实是两个极端。当考虑这两个主题的时候，没有解决方法：这些对立不可能被解决。但是同时，现实的基础是可以触碰的，就像虚拟现实不存在于建筑实体当中。我认为这是文明的极限，是定义建筑师和公众探索城市的方式。在他们之中，无论产生的空间是什么——是废墟还是乌托邦——都是两极相交叠的场所。因此可以说那些"内在"既不是碎片的也不是乌托邦式的，它不可能以单一方式存在。但是它们相交的十字不会被理解为线性或者平面。因为这些两极等同的联系，我们可以继续思考和谈论城市的生与死，死亡作为一个符号的象征，因为没有人"见证"过自己的死亡——除了基督耶稣，他的死映射在镜子里就是复活。但是在我所知道的范围内，这是一个无法进入的视野。因为死亡不是一个现实现象。

这个同样适用于生。体验没有方法论，因为没有人在自己出生的时候就有意识。因此没有人能活到城市尽头。但是城市的末日——在建筑电讯派的乌托邦或者城市思想——是现实的。毫无疑问城市会因其内在动能而膨胀，因为它是完整的、完全的、完成的，如同一个巨型而复杂的旅馆；应该需要在这些问题上反映更为合理——让人继续相信进步的固定想法。我总是并且反复说：唯一真实进步的节点是不可感知的。任何一个相信进步的人认为它已经来到，不再需要考虑。因此，相信进步是乌托邦。建筑属于现实：它需要存在！它迫不及待地希望在未来出现。

M.B.：这是个很大的问题。因为如果建筑是一种更为现实的艺术和必须回应更为精确的问题，必须也引入人类的感觉、希望、进步这些概念。

D.L.：当建筑被简化为色彩微粒，世界经济和政治问题，就是在真空中的谈论。这个真空非常大……

M.B.：建筑的角色是什么？

D.L.：允许有一篮子满满的食物，带来一些庇护——然后消失。

M.B.：那建筑是篮子还是食物呢？

D.L.： 对于我来说，两者都是！并且很难把每一个东西在正确的时间放在正确的位置上：建筑即是容器，也是它包涵的内部。这很矛盾。但有一个悖论，因为好的建筑师要了解建筑内部的矛盾，这使得他们变得无能和超越。所以，建筑师就是那些说着建筑的影响来自"全部都是玻璃"。我敢说，我们正在讨论的问题是不可调和的。建筑问题是更实际和更激进的矛盾，不像是文本或一件艺术品，因为建筑直接参与了革命、激进和可见的过程。如果一些人写作很好，不能出版作品是一大遗憾；但其作品可以私下里流传。但是设计是个大工程，如果没被实践而建成，对于做出这个设计的人会有其他影响。作为另一个角色，更为复杂。假设建筑顺从自己的义务——人类任务的秩序，是一个政治不能熄灭的契约。

M.B.： 但是，说到和政治之间的联系，建筑是一门艺术，和社会、经济相关……

D.L.： 我理解的政治有不同含义。对我来说，建筑是一种抵制自然的腐败过程，这个过程提供了另一种存在的机会：政治。因为这个原因，建筑是最伟大的奥秘之一。它给我们一个解决方案的同时，也提供了一个阻碍，一个谜团。很明显，对建筑而言石头是阻碍；因此伟大的建筑阻止强势的政治破坏建筑的本质。在这个意义上，这种阻碍是长期的。甚至无法知道什么时间被摧毁。我认为这个非常适用于柏林：它是一座被拆毁的城市，但这将只是暂时缺席。在就像您之前说的，实际上不知道哪里是波茨坦广场。

丹尼尔·里伯斯金访谈，选自《建筑：编年与历史》，玛丽安·布劳什，M·埃联里，《建筑的问题：15个建筑师的访谈》，42 卷，第 468 页。（Le Moniteur 出版社，巴黎：1996）

引起我兴趣的是创造一个从来没有存在过的空间，一个史无前例的空间，那些没有在我们的大脑、精神里出现过的东西。我认为这才是空间的本质。建筑不是建立在混凝土、钢筋或者是任何土地之类的元素之上，而是建立在奇迹之上。这个奇迹创造出了我们已经拥有的伟大城市和伟大的空间。我想这恰好是建筑，建筑是通过它坚硬的材料来讲述故事，在教堂、寺庙，在金字塔、高塔，在印度的城市或者其他地方，你理解如此非凡的建筑不是来自抽象的概念，而是来自人。所以已经建好的一切都可以不再建；已经建的一切也可以做得更好。

这是我认为建筑中重要的东西。这些是我喜欢工作的维度。这是非常个人的。这也许不是艺术评论、建筑评论或者城市评论中的维度，但是我认为这些对我们来说是生活和建筑的"氧气"，为了在社会空间内彼此联通。因此我相信乐观是建筑的推动力。这是在未来唯一要相信的职业。

你可以是一个悲观的将军、政治家，一个沮丧的经济学家，一个忧郁的音乐家，一个阴暗的画家，但建筑是纯粹的狂喜，灵感来自未来会更好的想法；这就是我相信社会进步的原因。

现在有一种福音派的悲观环绕在我们周围；但在这种时候，建筑可以为一个伟大目标而奋斗。想想那些伟大的城市，想想帝国大厦或者洛克菲勒中心，它们并非在最好的时代建成。但在某种意义上，它们是最好的；建筑的这种能源和力量，引导整个社会和政治内部空间配置。

此外，我相信表现力。我不是中立主义的粉丝。我不喜欢中立的生活，非常不喜欢。我认为表现力就像是意式浓缩咖啡：你知道它萃取了咖啡的精髓。那就是表现力。许多建筑很无趣，因为他们自认为建筑是中立领域，一种没有任何观点、毫无价值的领域。我相信建筑的精髓在于表达，对城市的表达，对我们生活空间的表达。空间表达本质上不是中立的。空间表达不是简单地巩固我们已知的空间。空间可以干扰我们，让我们不安，但是这是生活的一部分。生活并不是一种让我们微笑的麻醉剂，而是从历史的深处延伸到未竟之地，和我们未曾看见的景象。

神秘的v.s.不言自明的

我们总是愿意理解每一样事物，但是建筑不是文字。建筑是一门语言，但不能转化为一系列能够通过字母写下来的程序符号。我们周围存在太多的这样的建筑，如此平庸地讲述一个非常简单的故事，它说："我们无话可说，没有任何故事可讲。"重要的是带进一种难以言喻的建筑次元，因为建筑是通过比例、材料、光线来实现的，他们以不同元素组成，像一种复杂的矢量矩阵。它不是平铺直叙。因此，"建筑可以被完全解释"这种想法，我认为是错误的，因为它使建筑简化为平庸。

记忆

我最大的兴趣是记忆。没有记忆，我们将会遭受健忘症，不知道我们要去哪里，为什么我们要去那里。我从来没有兴趣去重建那些过目即忘的复制，或是做同样的事情。这当然会受批评家的称赞。批评家喜欢事物总是以同样的方式出现。但我会做一些很奇怪的，纯粹的用丝绸……而不是说继续重复同一件事。这没有意义。

因此，记忆是城市的记忆，是世界的记忆。

很少有我们没有故事可以讲述，没有地方值得流连的时候。事实上我们的世界，或者我们认为的世界是值得纪念的；不只是我们个人的记忆，更是那些记得我们的人。建筑并非天性沉默，它是一门交流的艺术，它讲述故事，故事里可以让人感觉到更加隐秘的渴望，可以到达平时接触不到的源泉，是可以到达被埋葬千年的地方，让他们回到不用继续等待的公平地位。

最好的建筑应该保持沉默这个观点并不吸引我。沉默适用于墓地这种地方，但不适用于城市。城市应该充满动感，充满声音，充满音乐。建筑更加重要的使命是创造空间。活跃的、多元的空间让寻常的活动变成一幅完全多样化的景象。设计一个购物中心、游泳池或博物馆做得更像娱乐休闲场所：这是我们的梦想，当然也是风险。我认为建筑必须冒险。当然要花费更多的财力和精力，不应该只打安全牌。因为这样做不会把我们推向我们想要到达的方向。

我认为冒险很明显是世界的基础。一个毫无冒险的世界不值得观看。因此，是的，我相信自己在每一栋建筑里的冒险都值得。冒险创造没有存在过的空间。一个空间的冒险从来不是让人眩晕的就像必须为了先锋城市而存在，冒险是真正让建筑前进，即使有些不尽如人意的地方，但也好过总是简单地重复做那些空虚的现成品。

所以这就是最终，我认为这才是建筑。关注空间而不是时尚和装饰；创造哪怕是最小的但却不能重复、不能在任何其他场下被模仿的东西，创造可以自由呼吸的空间，这是我们想要的梦想。建筑不只是一些人可以享受的奢侈空间，更重要的是，世界上的每一个人都有这种可能。因此不存在方式和理论的改变。应该有树木生长的空间，为了自然可以进入我们的城市世界消除空间，白天阳光可以进入空间与我们互动。

我认为这是建筑和民主的本质。我不喜欢为极权主义政权而建的美丽建筑，人们不能说话，不能投票，你不能做任何事。我们常常羡慕这些建筑物，我们认为它们是美丽的，但当我想到社会的贫困，不给他的人民自由，我便不羡慕他们。

TED 演讲：“丹尼尔·里伯斯金，建筑灵感的 17 个词语”，来自 TED.com 上里伯斯金的讲座，长岛，美国加利福尼亚州，2009。

维托里奥·马格纳戈·兰普尼亚尼（Vittorio Magnago Lampugnani，以下简称V. M. L.）：请问你怎么做设计？你从草图开始？不靠素描而直接靠直觉？刻意避免从草图开始？还是立即做模型？

丹尼尔·里伯斯金（Daniel Libeskind，以下简称D. L.）： 事实上我什么都不做。

我不是一个会画很多草图，或者拿着铅笔思考的人。我的工作习惯也不是通过模型寻找感觉，寻找什么应该是正确的空间布局或者形式结果。我试图进入需求和形式之间的和谐，找到个性化的元素，设计出和已有建筑不同的作品。这是我思考中最关键的一点。有时候在很长的一段时间里我什么都不做。事实上，我总是试图把思考的时间拉到最长，即使有风险，有可能我没有充足的时间完成这个项目。但是我强迫自己进入一个节奏，为了避免掉落到陈词滥调或者成果替换中。一个确定的建筑设计路径或者程序不能作为答案，因为这不是我真正想说的。我的确不在一个接一个、轻轻松松参加竞赛的建筑师之列。我想先应该渴望做一个东西，并且这个渴望不仅仅是个人的决心，而是受某些事物的召唤。

V. M. L.：什么引发了做一些事情的渴望呢？

D. L.： 我可以说全部来自我的兴趣，但是这不意味着我可以做所有我想做的。在我的书桌上有一摞竞赛，我在那里阅读和学习，我想参与但是我不确定我是否会寄出作品。不是因为我是一个使用很陌生手法而成为难以理解的建筑师。每一个建筑项目要求一个答案，这个答案不可以仅仅看作是物质或者客观的回答，而是来自不同的框架，属于不同的认知领域。必须把形式纳入到项目思考过程。你所希望发生的事情并不一定真的会发生。

在基督教的早期，人们认为世界的尽头可能是下一个世界，等待启示，等待新的世界，但这一切都没有发生。一个人不可能全凭意愿就能成为一个好的建筑师。它必须有一个完全开放、几乎失去控制的时刻。基于这个原因，我不理解那些随便什么项目都可以做的建筑师，对我来说根本不可能。就拿音乐来说，你不能要求一个伟大的作曲家得能唱歌剧选段。

V. M. L.：那么你怎样开展你的工作呢？通过形式概念还是某种方法进行设计？

D. L.： 从方法、想法和渴望之间存在的对立开始。就像有数千片没有相同特质的马赛克，它们不能被装配并且建造一个单元，因为没有同样的单位。包括常见的似乎没有成为建筑进程的一部分的元素，奢侈的概念可能不会像常用建筑技术那样被接受，比如设计和空间之间的关系，概念和功能之间的关系。因此对于设计而言，重要的是指向什么问题，而不是采取不同的方向。对于这些需求的回应不是知识，而是在工作过程中取得的成果。这是我实际着手设计之前思考很多的原因。我认为这不是生产行为。我是考虑建筑的每一个反应不一定是我做的，因为在我看来建筑应该是我们所不能想象的，不能用同样的思维方式去分析和预测。我做的不是思考的结果。

V. M. L.: 每个人都知道你的设计。它们实施的时候，项目的开展已经在你的脑海中或多或少形成了么？

D. L.: 我会说第一个或第二个项目是这样。设计的时候就看到整个项目的开始和结束。设计本身不是生产的一部分。我试图始终保持建筑途径，例如设计的实施，目标的从属关系，因为它不是一个纯粹客观的领域，而是在精神环境当中。在我的工作中目标最重要。其余部分都是可以替换的，价值相当。设计或者模型以传统的方式回应空间表现的必要性。这是一个次要问题，一个方法论的问题。我不愿意在我的工作中，以方法论的名义背叛最为重要的部分：建筑方案对于精神需求的回应。

V. M. L.: 你的设计经常是精心制作的、复杂的，有时难以弄懂。这种复杂性反映项目的客观实质，还是您的设计本身就是艺术，叠加在原创艺术之上的作品就是设计？

D. L.: 取决于你提到的设计类型，设计活动有不同类型。我认为设计就像一系列区域，可以既是垂直纵深的，也是水平上的色彩分割，落到难以说明的区域里，结果是一个明确的序列。设计不是完全自治而是有序列的。每一个我表达的设计都是其他设计的一部分或者是一个设计循环的继续。是一个准备阶段的细节的拓展，或者简化另一个设计的某些方面。具体情况具体分析，每一种情况我都要找到在不同的设计方向，必须进行分析。虽然设计有共同点，建筑设计不是为了展示其潜在可能性，而是建筑本身相当于类似活动的欲望。真正的建筑设计可以很难理解，不跟随常规的法则。对我来说图纸不是为更有趣的表达服务，它需要有指导价值。

V. M. L.: 所以你看到了真正的建筑图纸和实用工具的区别。建筑图纸的目的是什么？

D. L.: 真正的建筑图纸能够激发起遗忘的体验，或者感觉建筑不存在。好的图纸提供给任何人同样的观察体验。观察者不用一定是专家或者建筑师，可以是任何一个人。当然进入和离开图纸的语言问题一直存在，但是我认为这是独立于设计的。好的设计会随着这些我们画出的线条展开。它不是图纸本身，也不是纸或铅笔线，而是激发观察者的不曾存在过的经验。越是深入设计，越能深刻地体会到观察者对项目认识的现实性、目的性、局限性等。

V. M. L.: 因此，主题始终是建筑，不管建造与否都无关紧要。但是你的图纸没有一个是自己满意的吗？

D. L.: 没有，因为体验没有办法自我满足。这取决于其他的人和事。我认为没有设计可以自给自足。每一个设计都是体验的一部分，而体验不纯粹是语言的。

从这个意义上来说观察一个设计和阅读一本书，听一支音乐作品没有什么太大不同。如果它生动开放，那么产生实际内容的不是书页或者具体的声调，而音乐本身。这是反理论的自然经验。这和书籍、唱片和封存在博物馆里面的作品一样，它们具体的目标和物质清晰而遥远。否则，艺术家将不存在，建筑将存在于过去。我认为这可能是一个至关重要的过程。当然，在这个过程中，有一些缺失的部分，也有差距、断裂甚至失败。有时可以获得一个提供的经验。但是当我们意识到没有体验的时候，这就是我们的收获。我最近读到一个关于金字塔的评论，写于5000或者4000年前，文章里他们说，金字塔不依靠稳定性持久，甚至迟早会消失，法老王将不得不寻找其他地方庆祝他们的权力。我想人们知道很长一段时间，建筑的实现都伴随着其他的体验，并不仅仅通过所谓的建筑物的表现。因此这不是一个新的问题。只有通过时间的沉淀，建筑所代表的象征性更强。体验完成并且建立那些墙体本身无法建立的体验，嵌入空间并且控制。

这个想法是误导的：建筑可以提供经验的结论，并提供一个最终的全面的场所，解决人类的愿望是建筑的一部分。但是作为所有艺术的母亲，建筑的隐喻是我们必须要保持的，更为重要的是同时也要颠覆人类的存在，一个特别的地方：城市、街道、寺庙。

V. M. L.: 你说建筑中不存在历史，也一直没有太大变化。但是在你的工作中有明显的一些建筑大师的痕迹，当然包括皮拉内西。你认为你有老师么？

D. L.: 当然，但是就像我已经说过的，信仰在建筑当中占据主要角色，以及理论和积极的事物起主导作用；这是我们应该跟随的方向。在科技界和高度工业化的国家，这似乎有些奇怪，但我认为这是建筑的真正本质，在关系的两边，公众和生产。当然存在一些可以学习的大师。我们可以重新打开那些标志着历史的文件以获得欣喜若狂的经验。他们是最好的，他们理解的事物更深刻。

我们不理解从根本上建筑的概念。接近这个想法是不容易的。但黑洞，包括片段、书籍、废墟、建筑方案，代表了学习的方式。建筑切入点来源于体验。在这个意义上，现在可以谈论建筑的文艺复兴，因为更广泛的知识带来了建筑的梦想。

当我在学校的时候，不久之前，建筑领域几乎不存在关于迷宫、巨石阵或者巴比伦图书馆的书籍。现在关于这些主题的著作有很多。有很多相关的其他学科的信息可以追溯到建筑。毫无疑问可以谈论文艺复兴的思考。但我怀疑它是否已来到实际应用阶段。也许在未来可以实现，需要时间来吸收，这需要有个过程。但是正在发生的事情当中有着巨大的活力，在信息缺乏的情况下思考体验个人的意义。如果你看20世纪50年代和60年代对建筑意识形态的偏见，我们会认识到时代的局限，这种局限导致人们无法接触某些书面材料，特别是建筑。当时的人们只知道通常的被使用的重复模式跟随精确的预设和通用的陈词滥调。但我不知道作为建筑师谁仍然会相信这些东西。图像更加多样化和混乱，也更开放。我认为这一切都是积极的。我们从建筑作品当中看到的是事情正在进步，而且更加有趣。

我想要简单地面对这些元素，努力做到我能做到的最好。首先基本元素要和谐，但不是用这些元素堆积出立体感，而是使其相互匹配和谐。这就是建筑物之间的区别，调和这些奇怪的元素不相容的机械过程，组装或者断开。这就是我展开设计的方式。

维托里奥·马格纳戈·兰普尼亚尼，《保护》《Domus》杂志，第 731 期，1991 年 10 月 20 日。

V. M. L.: 因此，主题始终是建筑，不管建造与否都无关紧要。但是你的图纸没有一个是自己满意的吗？

> **D. L.:** 没有，因为体验没有办法自我满足。这取决于其他的人和事。我认为没有设计可以自给自足。每一个设计都是体验的一部分，而体验不纯粹是语言的。
>
> 从这个意义上来说观察一个设计和阅读一本书，听一支音乐作品没有什么太大不同。如果它生动开放，那么产生实际内容的不是书页或者具体的声调，而音乐本身。这是反理论的自然经验。这和书籍、唱片和封存在博物馆里面的作品一样，它们具体的目标和物质清晰而遥远。否则，艺术家将不存在，建筑将存在于过去。我认为这可能是一个至关重要的过程。当然，在这个过程中，有一些缺失的部分，也有差距、断裂甚至失败。有时可以获得一个提供的经验。但是当我们意识到没有体验的时候，这就是我们的收获。我最近读到一个关于金字塔的评论，写于5000或者4000年前，文章里他们说，金字塔不依靠稳定性持久，甚至迟早会消失，法老王将不得不寻找其他地方庆祝他们的权力。我想人们知道很长一段时间，建筑的实现都伴随着其他的体验，并不仅仅通过所谓的建筑物的表现。因此这不是一个新的问题。只有通过时间的沉淀，建筑所代表的象征性更强。体验完成并且建立那些墙体本身无法建立的体验，嵌入空间并且控制。
>
> 这个想法是误导的：建筑可以提供经验的结论，并提供一个最终的全面的场所，解决人类的愿望是建筑的一部分。但是作为所有艺术的母亲，建筑的隐喻是我们必须要保持的，更为重要的是同时也要颠覆人类的存在，一个特别的地方：城市、街道、寺庙。

V. M. L.: 你说建筑中不存在历史，也一直没有太大变化。但是在你的工作中有明显的一些建筑大师的痕迹，当然包括皮拉内西。你认为你有老师么？

> **D. L.:** 当然，但是就像我已经说过的，信仰在建筑当中占据主要角色，以及理论和积极的事物起主导作用；这是我们应该跟随的方向。在科技界和高度工业化的国家，这似乎有些奇怪，但我认为这是建筑的真正本质，在关系的两边，公众和生产。当然存在一些可以学习的大师。我们可以重新打开那些标志着历史的文件以获得欣喜若狂的经验。他们是最好的，他们理解的事物更深刻。
>
> 我们不理解从根本上建筑的概念。接近这个想法是不容易的。但黑洞，包括片段、书籍、废墟、建筑方案，代表了学习的方式。建筑切入点来源于体验。在这个意义上，现在可以谈论建筑的文艺复兴，因为更广泛的知识

带来了建筑的梦想。

当我在学校的时候，不久之前，建筑领域几乎不存在关于迷宫、巨石阵或者巴比伦图书馆的书籍。现在关于这些主题的著作有很多。有很多相关的其他学科的信息可以追溯到建筑。毫无疑问可以谈论文艺复兴的思考。但我怀疑它是否已来到实际应用阶段。也许在未来可以实现，需要时间来吸收，这需要有个过程。但是正在发生的事情当中有着巨大的活力，在信息缺乏的情况下思考体验个人的意义。如果你看20世纪50年代和60年代对建筑意识形态的偏见，我们会认识到时代的局限，这种局限导致人们无法接触某些书面材料，特别是建筑。当时的人们只知道通常的被使用的重复模式跟随精确的预设和通用的陈词滥调。但我不知道作为建筑师谁仍然会相信这些东西。图像更加多样化和混乱，也更开放。我认为这一切都是积极的。我们从建筑作品当中看到的是事情正在进步，而且更加有趣。

我想要简单地面对这些元素，努力做到我能做到的最好。首先基本元素要和谐，但不是用这些元素堆积出立体感，而是使其相互匹配和谐。这就是建筑物之间的区别，调和这些奇怪的元素不相容的机械过程，组装或者断开。这就是我展开设计的方式。

维托里奥·马格纳戈·兰普尼亚尼，《保护》（Domus）杂志，第 731 期，1991 年 10 月 20 日

D. Libeskind, P. Goldberger, *Counterpoint: Daniel Libeskind in Conversation with Paul Goldberger*, The Monacelli Press (Random House, INC.), New York 2008.

D. Libeskind, *Breaking Ground*. Riverhead Books (Penguin Group), New York 2004.

D. Libeskind, *The Space of Encounter*, Universe Publishing, New York 2001.

A. Terragni, *Daniel Libeskind. Oltre i muri*, Testo & Immagine, Torino 2001.

E. Dorner, *Das Jüdische Museum Berlin*, Gebrüder Mann Verlag, Berlin 1999.

D. Libeskind, *The Jewish Museum Berlin*. Prestel Verlag, München 1999 (Edizioni parallele in tedesco e inglese. Edizioni in francese, italiano, ebraico e giapponese in preparazione).

D. Libeskind, *The Jewish Museum Berlin*, Verlag der Kunst, Berlin 1999 (Edizioni parallele in tedesco e inglese).

T. Rodiek, *Museum ohne Ausgang: Das Felix-Nussbaum-Haus des Kulturgeschichtlichen Museums Osnabrück-Daniel Libeskind*, Wasmuth Verlag, Tübingen 1998.

L. Sacchi, *Daniel Libeskind. Museo ebraico, Berlino*, Testo & Immagine, Torino 1998.

D. Libeskind, *Fishing from the Pavement*, NAI Uitgevers/Publishers, Rotterdam 1997.

D. Libeskind, C. Balmond, *Unfolding*, NAI Uitgevers/Publishers, Rotterdam 1997.

D. Libeskind, *Radix-Matrix*, Prestel Verlag, Munchen 1997.

Daniel Libeskind, in "El Croquis", Madrid, novembre 1996.

D. Libeskind, *Kein Ort an seiner Stelle*, Verlag der Künste, Dresden 1995.

A. M. Mueller, *Works and Writings of Daniel Libeskind*. Prestel Verlag, München 1994.

D. Libeskind, *Countersign*, Academy Editions, London, Rizzoli Editions, New York 1992.

D. Libeskind, *Jewish Museum*, Ernst & Sohn, Berlin, 1992.

D. Libeskind, *Marking the City Boundaries*. Groningen, The Netherlands 1990.

D. Libeskind, *Line of Fire*, Electa, Milano 1988.

D. Libeskind, *Theatrum Mundi*, Architectural Association, London 1985.

D. Libeskind. *Chamberworks*. Architectural Association, London 1983.

D. Libeskind, *Between Zero and Infinity*. Rizzoli Edtions, New York 1981.

著作权合同登记图字：01-2021-1593号

图书在版编目（CIP）数据

丹尼尔·里伯斯金/（意）阿提里奥·特拉尼编著；
李雪珂译.—北京：中国建筑工业出版社，2021.8（2022.11重印）
（经典与新锐.建筑大师专著系列）
书名原文：Daniel Libeskind
ISBN 978-7-112-26321-9

Ⅰ．①丹… Ⅱ．①阿…②李… Ⅲ．①丹尼尔·里伯
斯金—生平事迹 Ⅳ．①K837.126.16

中国版本图书馆CIP数据核字（2021）第135114号

Original title：**Daniel Libeskind**
Original Edition © 2020 24 Ore Cultura s.r.l. - via Monte Rosa, 91 - Milano
Simplified Chinese Copyright © 2021 China Architecture & Building Press

本书由意大利24小时出版社授权翻译出版

责任编辑：姚丹宁
书籍设计：张悟静　何　芳
营销策划：黎有为
责任校对：赵　菲

经典与新锐——建筑大师专著系列

丹尼尔·里伯斯金
DANIEL LIBESKIND

【意】阿提里奥·特拉尼　编著
李雪珂　译
王　兵　校

*
中国建筑工业出版社出版、发行（北京海淀三里河路9号）
各地新华书店、建筑书店经销
北京锋尚制版有限公司制版
北京富诚彩色印刷有限公司印刷
*
开本：889毫米×1420毫米　1/32　印张：3¾　字数：170千字
2021年11月第一版　2022年11月第二次印刷
定价：78.00元
ISBN 978-7-112-26321-9
　　　（27571）